Sven Michaelsen

Mitten im Leben – wo mag das sein?

MITTEN IM LEBEN

WO MAG DAS SEIN?

EINE SELBSTERKUNDUNG IN 777 FRAGEN

SVEN MICHAELSEN

Residenz Verlag

»Menschen machen Fehler, sonst wäre am Bleistift kein Radiergummi.«

Lenny in *Die Simpsons*

»The problem with troubleshooting is that trouble shoots back.«

David Hockney

»Der wahre Weg geht über ein Seil, das nicht in der Höhe gespannt ist, sondern knapp über dem Boden. Es scheint mehr bestimmt, stolpern zu machen, als begangen zu werden.«

Franz Kafka

»Das ist eine sehr interessante Frage! Ich möchte sie nicht durch eine Antwort verderben.«

John Cage zu einem Interviewer

»Das Schönste wäre ein Interview, das alle Fragen sammelt, auf die man überhaupt keine Antwort hat.«

Heiner Müller

Bibliografische Information der Deutschen Nationalbibliothek
Die Deutsche Nationalbibliothek verzeichnet diese Publikation in der Deutschen Nationalbibliografie; detaillierte bibliografische Daten sind im Internet über http://dnb.dnb.de abrufbar.

www.residenzverlag.com

Umschlaggestaltung: Tom Ising, Herburg Weiland GmbH
Grafische Gestaltung / Satz: Joe P. Wannerer – BoutiqueBrutal.com
Gesamtherstellung: GGP Media GmbH, Pößneck

ISBN 978 3 7017 3567 9

INHALT

1

DIE LIEBE UND ANDERE GLÜCKS-KATASTROPHEN

Sich küssen, ohne sich zu brauchen: Gehört das in die Streichholzschachtel mit dem Namen *Glückseligkeit*?

Können Sie eher Sie selbst sein, wenn Sie mit Menschen des eigenen oder des anderen Geschlechts zusammen sind?

Sich selbst fremd ansehen können durch die Augen des neuen Partners: Macht eine neue Liebe klüger, oder ist Liebe eine Erfahrung, der es nichts nutzt, sie zehn Mal zu machen?

Ist Liebe das gesprächigste aller Gefühle?

Oder schreibt das Glück mit weißer Tinte?

Wächst die Fähigkeit, Liebe zu geben, mit der Übung, oder ist sie seit frühester Kindheit eine Konstante, so unveränderlich wie ein Muttermal?

War Ihr Liebeskummer schon einmal so groß, dass Sie Ihr Herz hassten, weil es weiterschlug?

Sehnen Sie sich nach einem Menschen, der Sie besser versteht als Sie sich selbst, oder fürchten Sie so einen Menschen?

Hätten Sie Angst davor, sich in einen Menschen zu verlieben, der so ist wie Sie?

Streiten Sie in Ihrer Beziehung meist leidenschaftlicher, als Sie sich anschließend lieben?

Wann ist Ihr Herz zuletzt mit jemandem durchgebrannt?

Sind es in Wahrheit bloß noch Ihre Verlustängste, die Sie Liebe nennen?

Küsst Ihr Partner, als wisse er nur aus dem Kino, wie man das macht? Und sind Sie schon mal an einen Menschen geraten, der wie jemand küsst, der gerade eine Fremdsprache lernt und nur die Gegenwartsform und nur die zweite Person beherrscht – nur jetzt, nur du?

Befriedigt Sie kein Kuss auf die Lippen so sehr wie das Gefühl, dass man an Ihren Lippen hängt?

Die lieben, die Sie lieben: Zu mehr reicht's bei Ihnen nicht?

Wie viele Menschen, von denen Sie geliebt werden wollen, empfinden Liebe für Sie? Wäre es die Definition von Glück, wenn Sie mit »Alle!« antworten könnten?

Können Sie Ihren gegenwärtigen Partner weiterempfehlen, oder müssten Sie sich dafür eine deprimierend lange Mängelliste aus dem Hirn rauslügen?

Erinnern Sie sich noch an den Augenblick, in dem Sie aufgehört haben, wie vorher zu lieben?

Warum gibt es kaum Menschen, die sich nicht schämen, einander geliebt zu haben, wenn sie einander nicht mehr lieben?

Löst sich, wenn eine Liebe zerbricht, auch das Wissen um die anfängliche Verliebtheit auf? Hasst man es sogar, dass sie zum eigenen Leben gehört?

Haben Sie eine Vorstellung davon, für wie viele Menschen Sie die peinliche Ex-Beziehung sind?

Wie viele Therapeuten, die Sie nicht selbst konsultiert haben, wissen von Ihnen?

Verstehen Sie von der Liebe immer noch so viel wie die Stubenfliege von der Glasscheibe, gegen die sie immer wieder fliegt?

In der Liebe endlich keine Kompromisse mehr machen: Wird dann die menschliche Gattung schrumpfen, bis die Weltbevölkerung in ein kleines Luxushotel passt?

Frisch Verliebte kennen die bange Frage: »Wer warst du vor mir?« Wünschen Sie sich, den Menschen, den Sie lieben, gekannt zu haben, bevor Sie ihn tatsächlich kennengelernt haben?

Fühlen Sie sich betrogen, die Kindheit dieses Menschen versäumt zu haben?

Zwei Liebende, die sich im Bett zum ersten Mal voneinander wegdrehen, weil sie lieber ihrer Einsamkeit zugewandt einschlafen möchten: Ist das für Sie ein Bild von Traurigkeit, Ermüdung und Trennung oder von Entwicklung und Freiwerden?

Waren Sie einmal im Scheitern einer Liebe glücklich? Glücklich darüber, dass Sie mit diesem Menschen hatten unglücklich sein dürfen?

Spüren Sie die Liebe zu Ihrem Partner eher in seiner Abwesenheit als in seiner Anwesenheit?

Haben Sie beim Anschauen Ihres Partners schon einmal gedacht: Nie wieder werde ich einen Menschen so lieben?

Ist Ihre Resignation in Herzensangelegenheiten schon so fortgeschritten, dass Sie sich bei jeder neuen Liebe insgeheim fragen: »Und was wirst Du mir über das Ende der Liebe beibringen?«

Suchen Sie immer noch die große Liebe, oder haben Sie als pragmatisch denkender Mensch einen sicheren Instinkt für die dysfunktionalen Aspekte großer Gefühle?

Ist die Maxime Arbeit statt Liebe! eine solidere Basis des Glücks, weil Liebe selten, meist unerwidert und so undurchsichtig wie ein Klofenster ist?

Wenn Sie sich das Heer der Liebeskranken und Liebeskrüppel anschauen: Macht die Liebe mehr Menschen unglücklich als glücklich? Würde es sehr vielen Menschen sehr viel besser gehen, hätten sie nie von der Liebe gehört?

Halten Gedanken länger als Gefühle?

Wird die Liebe, wie jede Utopie, immer größer im Kopf, je länger man auf sie wartet?

Erweist sich das Erste, was uns an einem Menschen beeindruckt, im Laufe einer Beziehung oft als das Unwichtigste?

Müssten Sie Ihren Partner besser verstehen können, um ihn mehr zu lieben, oder ist es bei Ihnen umgekehrt?

Helmut Qualtinger und André Heller sangen im Duett: »Zerst kumm i, dann kumm i, und wos dann kummt, kummt nie.« Fasst das in zwölf schlichten Wörtern zusammen, was Ihr Partner Ihnen seit Jahren in nicht enden wollenden Beziehungsgesprächen vorwirft?

War schon einmal jemand hoffnungslos in Sie verliebt? Oder haben Sie den anderen immer Hoffnungen gemacht?

Ihr Partner fordert: »Sag mir, warum du mich liebst.« Wäre es keine Liebe, wenn Sie eine Antwort formulieren könnten?

Anfangen, Liebe zu analysieren: Ist das so, wie man zu würgen beginnt, wenn man über das Schlucken nachdenkt?

Intensität erleben: Bedeutet das, nicht zu wissen, wie die Dinge enden?

Ist eine Beziehung nur dann schön, wenn man sie jederzeit beenden kann?

Brauchen Sie Ihren Partner *in* der Welt oder *gegen* die Welt?

Wie lange lieben Sie einen Menschen, der Sie nicht liebt? Monate, Wochen, höchstens vierundzwanzig Stunden?

Was ist in Liebesbeziehungen bei Ihnen stärker entwickelt: Ihr Wirklichkeitssinn oder Ihr Möglichkeitssinn?

Ertragen Sie es, in Ihrer Beziehung angeschrien und mit Worten verletzt zu werden, weil Sie glauben, wirkliche Liebe kenne keinen Stolz?

Glauben Sie, es wird Ihnen noch jemand begegnen, bei dem es sich anfühlt, als könnte es niemals wieder jemand anderes sein?

Trauer kann man teilen. Warum geht das mit Eifersucht nicht?

Gibt es eine Liebe, die so groß ist, dass sie die Eifersucht ausschließt?

Fällt es so schwer, die Eifersucht zu besiegen, weil der Rivale stets eine Eigenschaft hat, die man nicht überbieten kann: Er ist anders?

Ist Eifersucht die Angst vor dem Vergleich und damit die liebenswürdigere Schwester des Neides?

Liebt man in der Ehe nur einen Partner, der zum Ehebruch fähig ist? Stirbt die Liebe, wenn sie zu hoffen oder zu fürchten aufhört?

Was finden Sie quälender: gar keinen Partner zu haben oder einen, von dem Sie sich nicht genug geliebt fühlen?

Empfindet man es irgendwann als Schande, in einer Beziehung nicht genug geliebt zu werden? Als Schande, die es vor anderen zu verbergen gilt?

Gehört es zum Strickmuster Ihrer Psyche, dass Ihre Angst sich in Form von Wut äußert, und gelten Sie deshalb als heikler Beziehungspartner?

Was fällt Ihnen schwerer: Gefühle zu verbergen, die Sie haben, oder Gefühle zu heucheln, die Sie nicht haben?

Wird Liebe, die in die Jahre gekommen ist, zu einer Art Wohlwollen oder Gutwilligkeit, immer wieder und wieder gewährt, ob man es verdient hat oder nicht?

Gilt für bejahrte Paare die Regel: Man liebt nicht weil, man liebt obwohl?

Liebe macht blind. Macht Sie die Liebe hin und wieder sehend?

Geben Liebende keine großen Revolutionäre ab?

Warum spricht man von der eigenen Kindheit, sobald man um einen Menschen wirbt?

Sehnen Sie sich nach der Sehnsucht Ihrer Jugend, oder ist sie Ihnen heute peinlich?

Merkt man erst, wie viel Kraft es gekostet hat, in einer Liebesbeziehung etwas in sich zu vergraben, wenn man es wieder ans Licht holen will?

Lieben Sie nur den, der Sie verkennt? Liebt Ihr Partner die kuratierte Version von Ihnen, Ihren Avatar?

Ist erst frei, wer den Mut hat, auch geliebte Menschen zu enttäuschen?

In seinen Tagebüchern schreibt Franz Kafka über eine Frau: »Die Liebe zu mir liebt Dich nicht.« Lieben Sie es oft nicht, Ihren Partner zu lieben?

Ist Hass die einzige Zuflucht, wenn man sich nicht entlieben kann?

Hoffen Sie, Ihr Partner stirbt vor Ihnen, damit ihm ein Leben in Einsamkeit erspart bleibt?

Ist es schlimmer, einen Partner, mit dem man noch viel erleben wollte, an den Tod zu verlieren, oder einen, mit dem man schon viel erlebt hat?

Sarah Bernhardt, 1844 in Paris geboren und Bühnenstar der Belle Époque, wurde nachgesagt, sie verspeise in Affenbutter gesottene Pfauenhirne und spiele Krocket mit menschlichen Schädeln, die in Louis-quatorze-Perücken steckten. Als Bernhardt gefragt wurde, ob sie Liebe oder Vergnügen vorziehe, antwortete sie: »Ich bin für das

Vergnügen geschaffen, für den Moment. Ich bin fortwährend auf der Suche nach neuen Gemütsbewegungen, neuen Gefühlen. Und so werde ich bleiben, bis mein Leben vergeht. Mein Herz begehrt mehr Aufregung, als ein Mensch – jeder einzelne Mensch – geben kann.« Sind Sie im Herzen Ihres Herzens genauso?

Falls Sie glücklich sein sollten: Sind Sie auf Kosten von jemandem glücklich oder einfach glücklich?

Erzeugt bei Ihnen die Sehnsucht nach einem geliebten Menschen schönere Gefühle als dessen Anwesenheit?

Sind Sie zum Lieben geboren oder wäre das in Ihrem Fall eine schamlose Übertreibung?

Möchten Sie von sich behaupten, einen Menschen wahrhaft glücklich gemacht zu haben?

Fehlt Ihnen für Liebe die Geduld?

Meinen Sie, Sie können im Laufe Ihres Lebens glücklicher werden, oder kommt man fertig gestimmt auf die Welt?

Ist ein glückliches Naturell das Ergebnis einer biografischen Entwicklung oder eine völlig zufällige Gnade, so wie das absolute Gehör?

Was ist Menschen passiert, die aussehen, als wären sie schon mit gebrochenem Herzen geboren worden?

Verletzt man sein Glück, wenn man es anzufassen versucht?

Kränkt man sein Glück, wenn man es vor Freunden und Bekannten ausbreitet?

Warum ist das Unglück in seiner Potenz, wirklich zu werden, dem Glück turmhoch überlegen?

Sollte man Menschen, die glücklich werden wollen, erst einmal die Hälfte ihrer Wünsche ausreden?

In der Psychologie gibt es den Begriff der *mentalen Subtraktion*: Wie stark würden Sie sich etwas wünschen, das Sie schon haben, wenn Sie es nicht hätten? Was, wenn Sie diese Denkmethode auf Ihren Partner, Ihre Kinder, Ihren Arbeitsplatz, Ihren Instagram-Feed anwenden?

Was halten Sie für erfolgversprechender: das Glück suchen oder sich vom Glück finden lassen? Dem Glück zulachen oder sich das Glück anlachen? Oder sind Sie einer dieser Willens- und Tatmenschen mit gusseisernem Selbstbewusstsein, die das Glück rekrutieren wollen?

Gibt es kein Glück ohne Selbstvergessenheit? Sabotieren Sie mögliches Glück, weil Sie nicht zu denken aufhören können, wo und wann Sie auf welche Art glücklich sein könnten?

Meinen Sie, Glücklichsein sei kein europäischer Wesenszug, Glück sei Larifari?

Ein Unglück hat meistens ein Datum. Gilt das auch für das Glück?

Ist Trauer auch das Glück, geliebt zu haben? Und trauern wir erst dann nicht mehr um einen toten Menschen, wenn wir aufgehört haben, ihn zu lieben?

Waren Sie schon einmal entsetzt vor Glück?

Ist Freude Glück, das nicht davon abhängt, was passiert?

Macht unser Glück nicht aus, was wir erleben, sondern wie wir erleben, was wir erleben?

Denken Sie beim Wort *Glücksbringer* an eine Sache oder an einen Menschen?

Sind Sie nie so unglücklich, wie Sie glauben, und nie so glücklich, wie Sie gehofft haben?

Wie oft denken Sie, Ihr Glück liege hinter Ihnen?

Das Glück verfolgt die Glücklichsten und das Unglück die Unglücklichsten: Gehört das zur Schicksalsregie des Pechvogellebens?

Gibt es einsames Glück, das Glück der Erinnerung an das Glück? Oder setzt Glück voraus, es zu teilen?

Neigen Sie in außergewöhnlich schönen Situationen dazu, aus der Gegenwart die Vergangenheit zu machen und sich zu sagen: »Was für eine großartige Erinnerung wird es später einmal sein, dass …«?

Sollte man jeden Tag mit dem Vorsatz beginnen, Erinnerungen zu schaffen, die es wert wären, eingerahmt zu werden? Oder verdirbt es die Hingabe an das Selbstherrliche des Augenblicks, Erlebnisse als Einzahlungen auf das eigene Erinnerungskonto zu betrachten?

Jedem leuchtet ein, man solle im Moment leben, den wenigsten gelingt es. Ist Ihnen Ihr erinnerndes Selbst in Wahrheit wichtiger als Ihr erlebendes Selbst? Würden Sie Geld für eine Urlaubsreise ausgeben, wenn Sie wüssten, Sie hätten hinterher keine Erinnerungen an Ihre Erlebnisse?

Ist Ihnen der gelebte Moment ziemlich egal, wenn er keine zukünftige Erinnerung ist? Oder wäre auch ein Leben voller fabelhafter Momente ohne jegliche Erinnerung ein fabelhaftes Leben?

Ist Glücklichsein am Ende eine Frage der Phantasie?

Oder ist Glück, wie Snoopy sagt, »eine Beilage von Pommes frites«?

2

CHARAKTER – UND SEINE MASKEN

Kennen Sie etwas Interessanteres als sich selbst?

Bringen Sie dem Bild, das andere sich von Ihnen machen sollen, bedenkliche Opfer?

Bemühen Sie sich weniger, glücklich zu sein, als glücklich zu erscheinen?

Erscheinen Ihnen natürliche Menschen unnatürlich?

Wie sehr strengt es Sie an, stets so unangestrengt zu wirken? Wie viel energiegeladener treten Sie auf, als Sie sind?

Oder haben Sie festgestellt, dass sich Schwung daraus gewinnen lässt, sich Ihren Mitmenschen voller Schwung zu zeigen und jederzeit so zu tun, als ginge es Ihnen bestens?

Rechtfertigen Sie Ihre Glückssimulationsverrenkungen vor sich selbst als notwendige Tribute an den Schein, oder wächst Ihr Selbstekel wegen des Schauspiels, das Sie Ihrem Image zuliebe Tag für Tag inszenieren?

Wenn Sie sich einmal von der Seite betrachten: Erleben Sie immer weniger, weil Ihre Sorge immer größer wird, wie das, was Sie tun, bei anderen ankommt?

Machen Sie sich so viele Gedanken darüber, was andere über Sie denken sollen, weil Sie von sich selbst so schlecht denken?

Können Sie nur an Orten Sie selbst sein, wo niemand Sie kennt?

Sind Sie so daran gewöhnt, sich vor anderen zu verstellen, dass Sie es auch vor sich selbst tun?

Die Maske, mit der wir uns tarnen, frisst sich irgendwann ins Gesicht und wird zu unserem neuen Gesicht. Würden Sie sich ohne Maske noch erkennen?

Verraten die Kampf- und Bedeutungsmasken eines Menschen mehr über ihn als sein Gesicht?

Müssen Sie den Unterschied zwischen Maske und Gesicht immer wieder mit Argwohn, Hochmut und Biegsamkeit vertuschen?

Kommen Ihre Vertuschungen Ihnen zunehmend absurd vor, so als würde der Skulpteur zur Skulptur?

Setzt man sich nicht selbst eine Maske auf, sondern sind es die anderen, die das tun?

Erinnern Sie sich noch an Ihr Erstausstattungs-Ich, die Erstausgabe Ihrer Gefühle, Ihre Originalfassung?

Die Angst, demaskiert zu werden, und die Sehnsucht, endlich erkannt zu werden: Ist das Ihr Dilemma?

Gibt es ebenso viele Unterschiede zwischen Ihnen und Ihnen selbst wie zwischen Ihnen und den anderen?

Machen Sie sich oder andere dafür verantwortlich, dass Sie nicht der sind, der Sie sein möchten?

Wenn Sie einmal bis auf den Grund Ihrer Seele ehrlich sind – was macht Ihnen mehr aus: der Verlust Ihrer Haare oder der Verlust der Wälder?

Der milliardenschwere Technologie-Investor Peter Thiel fragt Menschen, die sich bei ihm bewerben: »Welche Ihrer Überzeugungen würden nur wenige Menschen mit Ihnen teilen?« Wenn Ihnen darauf keine Antwort einfällt: Ist man nicht mehr ganz so durchschnittlich, wenn man begriffen hat, dass man ein Durchschnittsmensch ist? Macht uns gerade das Verlangen, unverwechselbar und einzigartig zu sein, zum Massenmenschen? Ist unsere Sehnsucht, sich von der Masse abzuheben, das wahre Massenphänomen?

Ich bin, was ich zu sein behaupte: Kann man sich ins Glück hineintäuschen, sich glücklich lügen, da neben dem Sein auch der Schein das Bewusstsein bestimmt?

Liebt nur der die Wahrheit, der in der Lüge gelebt hat?

Zeichnet einen guten Erzähler aus, dass kaum jemand Lust hat, seine Geschichten zu befragen, ob sie wahr sind?

Können wir alles von einem Menschen vergessen, nur das nicht, was er einmal über uns gesagt hat?

Ist Vergessen eine Tugend, eine vergessene?

Unser Gehirn löscht Bilder, wie die Haut eine Wunde schließt. Zählen Sie zu den Menschen, deren Erinnerungen an ihre Kindheit sich auf wenige Szenen in einer leeren Weite des Vergessens beschränken? Wenn ja: Führen Sie das auf eine traumatische Kindheit zurück, die verdrängt werden musste, oder auf eine, die besonders banal war und deshalb nicht erinnernswert ist?

Die tiefste Beschämung, die äußerste Aussichtslosigkeit, das schlimmste Vorstellbare: Warum ist das in Ihren Träumen so schnell erreicht?

Ist nie genug Licht in Ihren Träumen? Sind Ihre Träume nicht besser erleuchtet als das 18. Jahrhundert?

Wieso haben Sie nie Glücksträume, obschon Sie doch große Glücksmomente in Ihrem Leben gehabt haben?

Wie wäre ein Mensch, der das Gegenteil von Ihnen ist?

Misstrauen Sie denen, die Ihnen blind vertrauen, weil Sie an deren Menschenkenntnis zweifeln?

Gehört es zu Ihrem Wesenskern, niemandem mehr zu trauen als sich selbst?

Erkennt man einen Menschen nicht so sehr an dem, was er sagt, sondern an der Atmosphäre, die durch seine Gegenwart erzeugt wird?

Mal ehrlich: Tun Sie anderen Menschen gut?

Gehört es zur geheimen Lyrik Ihrer Persönlichkeit, dass Ihre Feinde Sie mehr beschäftigen als Ihre Freunde?

Sie haben nur eine Wahl: Wären Sie lieber sympathischer, klüger, schöner oder reicher?

Angenommen, Sie kochen für einen Gast einen Rindereintopf, und der Gast sagt, das sei der großartigste Lammeintopf, den er je gegessen habe. Sind Sie beleidigt oder ist Ihnen nur wichtig, dass es dem anderen geschmeckt hat?

Irgendwo quietschen Reifen. Denken Sie, hoffentlich ist nichts passiert, oder: Hoffentlich ist etwas passiert, weil sonst nie was passiert?

Was zeichnet Menschen aus, in deren Gesellschaft Sie sich selbst unsympathisch sind?

Ist Sarkasmus der Esprit der vom Glück Verlassenen?

Beginnt Charakter erst dort, wo er sich aus nicht zusammenpassenden Elementen zusammensetzt?

Ist Persönlichkeit ein Mangel an Anpassungsfähigkeit?

Der Schriftsteller und zeitweilige Kriegsreporter Ernest Hemingway wurde am 8. Juli 1918 an der italienischen Front von einer gewaltigen Detonation erfasst, bei der es Tote gab. Aus der Bewusstlosigkeit erwacht, lud Hemingway sich einen Verletzten auf den Rücken und schleppte ihn zum Verbandsplatz. Später kommentierte er sein Verhalten mit dem Satz: »Ich bin nie mehr ein Draufgänger gewesen seit jener Nacht, in der ich entdeckte, dass auch das Eitelkeit war.« Sind Menschen selten aus Tapferkeit tapfer?

Gehört zum Heldentum die bewunderungswürdige Begabung, in einer Gefahrensituation schlicht zu werden?

Haben die Mutigsten am wenigsten Phantasie, und ist Feigheit ein Übermaß an Vorstellungskraft?

Sich Mut andenken: Geht das?

Nie fröhlich, mitunter lustig, in der Regel allenfalls zu amüsieren: Beschreibt Sie das?

Reden Sie bei Abendgesellschaften lieber selbst, bevor Sie sich von anderen Menschen langweilen lassen?

Sind Ihnen die Abendgesellschaften, die Sie geben, lieber als die Gäste, die daran teilnehmen? Ist Ihnen die Gästeliste wichtiger als die Gäste?

Laden Sie ein, um eingeladen zu werden? Und werden Sie in der Hoffnung eingeladen, man werde später bei Ihnen eingeladen?

Hindern Sie Ihre Gäste am Gehen, um sie nicht spüren zu lassen, wie wenig Sie ihren Besuch ertragen?

Noch nie hat ein Mensch über sich gesagt, er sei eine freudlose Natur und habe keinen Sinn für Humor. Hört Selbsterkenntnis auf, sobald sie unserer Selbstliebe im Wege steht?

Wie lange liegt Ihre letzte Selbsterkenntnis zurück?

Warum haben Sie ein so gutes Gedächtnis für die kleinsten Einzelheiten Ihrer Erlebnisse, und ein so schwaches für die vielen Gelegenheiten, bei denen Sie sie schon ein und derselben Person erzählt haben?

Gehören Sie zu den Charakteren, die den Abwasch machen und den Rasen mähen, bevor sie sich das Leben nehmen?

Schöpfen Sie Kraft aus Ordnung, oder halten Sie Ordnung für die Angst vor der Unordnung, also für Angst?

Muss man mal schwach gewesen sein, um einen Blick für die Schwächen anderer zu haben?

Finden langweilige Menschen interessante Menschen interessant oder ist dem Langweiler alles langweilig, so wie dem Stumpfen alles stumpf ist?

Was sagt Ihr innerer Ethikrat: Sollten Sie lieber mal neue Fehler begehen als ewig die gleichen?

Macht eigenes Leid Sie egoistisch und engherzig oder sensibilisiert es Sie für das Leid anderer?

Wie oft weinen Sie aus Mitleid mit sich selbst?

Tut Weinen gut, weil Tränen den Blick reinigen?

Oder tut Weinen gut, weil es die eigene Schuld verschleiert?

Ist das Fernrohr oder die Träne die bessere Verstärkung des Auges?

Tut Weinen auch deshalb gut, weil es die einzige Möglichkeit ist, das Schicksal anzuklagen, ohne einen Widerspruch befürchten zu müssen?

Enthält Weinen für Sie schon den Trost?

Wenn Sie sich einmal aus der posthumen Perspektive betrachten: Ist es ein moralischer Skandal, dass Sie in Ihrem Leben niemals etwas für die Allgemeinheit getan haben?

Tennisprofis können an einem verlorenen Ballwechsel zerbrechen. Haben Sie gelernt, mit Fehlern abzuschließen, oder geht Ihnen der Treibstoff aus, wenn Fehler Ihnen nicht mehr nachhängen?

Halten Sie den Satz *Nichts ist ohne sein Gegenteil wahr* für eine Schaukelstuhlweisheit oder für eine existenzialphilosophische Einsicht, zu der die wenigsten fähig sind?

Ist Trotz das Gegenteil von Unabhängigkeit?

Entspringt Reue nicht aus dem Bedauern über eine schon begangene schlechte Tat, sondern lediglich aus der traurigen Erkenntnis, eine schlechte Veranlagung zu haben?

Bereuen Sie Ihre bösen Taten nicht, weil sie schlecht waren, sondern nur, weil sie schlecht ausgingen? Begegnen einem deshalb die meisten Reumütigen in Gefängnissen, Anwaltskanzleien und Finanzämtern?

Über welches Thema könnten Sie einen Vortrag halten, ohne sich vorzubereiten?

Kommt es Ihnen verlogen vor, dass manche Leute heute noch so fühlen wollen wie in alten Filmen und Büchern? Und sind das merkwürdigerweise dieselben Leute, die nicht von Gefühlen reden, sondern von *Emotionen*?

Sind es die kalten Menschen, die schnell sentimental werden und dem Irrtum aufsitzen, ihre Rührseligkeit und ihre Brausepulveremotionen für Gefühl zu halten?

Ist Sentimentalität ein erfundenes Gefühl?

Gleicht Ihr Innenleben einer Einzelzelle, deren Wände aus Spiegeln bestehen?

Ist das, was die Leute Liebe nennen, für Sie ein schales Gefühl, weil Sie in anderen nur sich selbst bespiegeln und deshalb ein von ausgebliebener Nähe bestimmtes Leben führen?

Haben Sie eine Idee, was Sie gelegentlich aus Ihrem Ich-Knast erlösen könnte?

Haben Sie die seltsame Gabe, Ihre Minderwertigkeitsgefühle zu Überlegenheitsattitüde und Arroganz zu verdrehen?

Halten Sie Ihre Stärke für die Kompensation Ihrer seelischen Defekte, oder wollen Sie Ihre Mitmenschen glauben machen, Sie hätten Ihren Erfolg Ihrem Talent und Können zu verdanken?

Aus Schwächen Stärken machen: Muss man ein Trickbetrüger sein, um das hinzukriegen?

Glauben Sie alles, was Sie denken und fühlen, oder halten Sie es für narzisstisch, all seinen eigenen Gefühlen mit einer Ernsthaftigkeit zu begegnen, als handele es sich dabei um eine Krebserkrankung?

Verwahren Sie sich gegen Erfahrungen, die Ihren Illusionen im Wege sind?

Verschafft Resignation Ihnen Erleichterung, oder macht sie Sie bitter?

Sich vor der Traurigkeit in die Selbstironie flüchten: Ist das Verbitterung oder Lebenskunst?

Können Sie sich selbst parodieren oder müssen das andere für Sie übernehmen?

Welche parodierbaren Eigenschaften fallen Ihnen an sich auf?

Wenn Sie vor dem Spiegel zu lächeln probieren: Lächelt Ihr Spiegelbild zurück?

Wenn Sie Ihr Spiegelbild beschimpfen: Würden Sie Ihren Partner sofort verlassen, sollte der es wagen, Ihnen Gleiches an den Kopf zu werfen?

Ist bei Ihnen der Blick in den Spiegel eine hochmutsmindernde Maßnahme, weil Sie von jüngeren Tagen an nie sicher sind, ob Sie mögen, was Sie sehen?

Gehört der Erfinder des Spiegels zu den großen Zivilisationsverbrechern, weil die meisten Menschen glücklicher waren, bevor sie wussten, wie sie aussehen?

Was, wenn Sie in den Spiegel schauen und eine Person entdecken, die so aussieht, wie Sie sich fühlen?

Wie oft sehen Sie im Spiegel ein Gesicht so voller Gram, als sei derjenige schon einmal gestorben?

Die eigene Stimme auf einem Tonband hören: Warum empfinden wir den Menschen, der da spricht, als fremd und zutiefst unsympathisch?

Seelenruhig: Wann waren Sie das zuletzt?

Der römische Philosoph Seneca behauptete, die wichtigste Aufgabe des Menschen sei es, sich um seine Seele zu kümmern. Gibt es bei Ihnen noch so etwas wie ein Seelenleben im alteuropäischen Sinne des Wortes? War es keine gute Idee, die Seele durch die Psyche zu ersetzen?

Kennen Sie einen Menschen, von dem Sie glauben, er sei nicht durch Umstände böse, sondern aus sich selbst heraus?

Brauchen Sie beim Ausdruck *Menschlichkeit* immer ein paar Sekunden, bis Sie begreifen, dass mit Menschlichkeit etwas Gutes gemeint ist?

Sind Sie ein hypomaner Zwangscharakter, der nichts wirklich genießen kann, weil Sie jedes Mal, wenn Sie am Ziel sind, schon wieder neue Pläne schmieden – wie ein Hund, der einem Knochen direkt vor seiner Schnauze hinterherjagt und dabei gar nicht merkt, dass der Knochen an einem Stock baumelt, der in seinem Halsband steckt?

Was ist von Menschen zu halten, für die ein Bund Schnittlauch das einzige Naturerlebnis des Tages ist?

Lässt uns nur die Natur auch ohne Glück glücklich sein? Oder mögen Sie die Natur nur auf Gemälden?

Der Manager von Michael Jackson wurde einmal gefragt, wie um alles in der Welt er es hinbekommen habe, das Video zu *They Don't Care About Us* inmitten einer gewaltverseuchten Favela zu drehen, in die sich die Polizei höchstens mit kugelsicheren Westen und Maschinenpistolen hineinwage. Seine Antwort war, man habe alle potentiellen Gewalttäter in T-Shirts gesteckt, auf denen *Michael Jackson Security Team* stand. Gehört es zu unseren stärksten Instinkten, Teil von etwas sein zu wollen und in etwas aufzugehen, das größer ist als wir selbst?

Nimmt die Zahl der Ärzte zu, die die Diagnose als ihre berauschendste Fähigkeit ansehen und danach das Interesse an ihren Patienten verlieren?

Das Leben ist Schmerz, das Leben ist Freude: Ist das Gegenteil einer großen Wahrheit stets auch wahr? Je profunder die Aussage, desto umkehrbarer?

In seinem Song *Time* singt Tom Waits: »The things you can't remember tell the things you can't forget.« Sind die Schrecken, die Sie geprägt haben, nicht fort, nur vorüber?

Gibt es in Ihrem Kopf autoaktive Bilder, die immer wieder ungerufen kommen und mit den Jahren zu Eigenschaften von Ihnen geworden sind, weil sie einen Bann ausüben und Sie in Geiselhaft nehmen?

Ist Ihr Hauptgrund, jemanden nicht zu mögen, dass dieser Jemand *Sie* nicht leiden kann, weswegen es in den meisten Feindschaften auf das Henne-oder-Ei-Problem hinausläuft?

Wann hat es angefangen, dass die Menschen Groll, Gekränktheit und Selbstmitleid nicht mehr loswerden wollen, sondern begießen und auf die Fensterbank stellen wie die Lieblingstopfblume?

Gehört zur Selbstinszenierung des Neuzeitmenschen das Aufbauschen emotionaler Kratzer zu notaufnahmereifen Traumata?

Wie würde sich Ihr Leben ändern, wenn die sogenannten sozialen Medien Öffnungszeiten hätten und Instagram um Punkt sechzehn Uhr schließen würde?

Die Selbstvulgarisierung an sich kluger Menschen, sobald sie posten, bloggen oder podcasten: Ist das eins der beschämendsten Phänomene der Digitalmoderne?

Wird irgendjemand auf seinem Sterbebett denken: *Wie gut, dass ich so viel Lebenszeit auf Instagram verbracht habe?*

Wenn Sie die Marktperformance Ihres inszenierten Online-Ichs betrachten: Haben sich Ego-Branding und Selbstkommerzialisierung für Sie gelohnt? Oder denken Sie beim Wiederlesen Ihrer Postings: Was für ein hirnschlaffes Gedünn und grunzdummes Gedengel?

Sie hören einem Menschen zu, der vor Instagram als größtem Produzenten von Neid und Missgunst in der Menschheitsgeschichte warnt: Kommt Ihnen das so vor, als würde da einer verkünden, er sei mit der Erdrotation nicht einverstanden?

Die Lebenserfahrung zeigt: Je dümmer ein Mensch ist, desto mehr Meinungen versprüht er zu unbeantwortbaren Fragen. Ist Meinungslosigkeit ein Distinktionsmerkmal der Denkenden?

Brauchen Sie mal Urlaub von Ihren Meinungen?

Angenommen, Sie hörten auf, ständig jeden und alles zu kommentieren oder kritisieren: Würde Sie ein Ozean aus Schweigen umgeben, weil Sie im Grunde wenig zu sagen haben?

Vermutet fast jeder von uns im tiefsten Innern, er sei eigentlich ziemlich uninteressant?

Widersprechen Sie lieber sich selbst als anderen, weil Sie es als ein Zeichen von Klugheit ansehen, nicht immer der eigenen Meinung sein zu müssen?

Kennen Sie die erbitterten Flügelkämpfe eines Menschen, der mit sich geteilter Meinung ist? Und sind Ihre klügsten Urteile jene, die sich in Ihnen trotz Ihnen bilden?

Ist das, was Sie sagen, umso weniger Ihre Meinung, je heftiger Sie es sagen?

Ein privates Tagebuch zu schreiben war jahrhundertelang gängige Praxis, weil es Dinge gibt, über die man nur schreibend sprechen kann. Führt heute kaum noch jemand ein privates Tagebuch, weil es sinnlos erscheint, etwas zu tun, solange niemand davon weiß? Erfahrungen als wertlos gelten, wenn man sie nicht mit anderen teilt? Weil es als nutzlos angesehen wird, etwas zu schreiben, das nur der Schreiber lesen kann?

Tötet man eine Erfahrung, sobald man sie schriftlich festhält, oder wird man morgen nicht erlebt haben, was man heute nicht aufschreibt?

Wird ein Erlebnis, das man nicht formuliert, keine Erinnerung? Und erst recht keine Erfahrung?

Unser erinnerndes Selbst ist ständig damit beschäftigt, scheinbar kohärente Geschichten über unsere Vergangenheit zu stricken und wieder umzuschreiben, als wären wir

Schriftsteller eines Lebensromans. Welches Genre bevorzugen Sie bei den Geschichten, die Sie erst sich und dann anderen über Ihr Leben erzählen: Tragödie, Komödie, Märchen, Psychothriller, Actionfilm?

Falls es neben der normativen Kraft des Faktischen auch eine normative Kraft des Fiktiven geben sollte: Werden Sie dem idealisierten Bild von sich, das Sie in die Welt gesetzt haben, Jahr für Jahr ein klein wenig ähnlicher?

Verzeihen wir oft denen, die uns mit Ihren Geschichten langweilen, aber niemals denen, die wir mit unseren Geschichten langweilen?

Erinnern Sie sich noch, wie schön es war, als Sie Romane lesen konnten, ohne sich dabei selbst zu beobachten?

Haben Sie schon mal ein Denkmal für einen Pessimisten gesehen?

Weiß der wirkliche Pessimist, dass es schon längst zu spät ist, um noch Pessimist zu sein?

Ist Optimismus eine Nebenwirkung der Arglosigkeit?

Ist die Redewendung *mit jemandem auf Augenhöhe sprechen* ein Paradefall von Borniertheit, weil die Höhe von demjenigen definiert wird, der das sagt?

Kennen Sie ein lohnenderes Ziel, als die Konjunktive in Ihrem Leben auszumerzen? Endlich einmal aufzuhören mit der Konjunktiv-Elegie: *Ich würde, wenn ich könnte, wollen, dass ich kann …*?

Ist der beste Weg, Enttäuschungen zu vermeiden, sie für realistisch zu halten? Ist das Leben nur bitter für die, die es sich süß vorstellen?

Der kategorische Imperativ unserer Zeit lautet: »Verwirkliche dein wahres Selbst, und du hast Anspruch darauf, dabei *gesehen* zu werden.« Gehört es aber zur Zivilisiertheit und Courtoisie, die anderen nicht dauernd mit dem eigenen Selbst zu behelligen?

Gehören Sie zu den Menschen, die es nicht ertragen, irgendjemandem unsympathisch zu sein, nicht einmal denen, die Sie verabscheuen?

Ist das Geheimnis echten Selbstbewusstseins, keinen guten Eindruck hinterlassen zu müssen?

Beneiden Sie Aristokraten um deren Vergnügen, zu missfallen?

Sind Ihre intensivsten Erinnerungen nicht mit Glück, sondern mit niederschmetternder Scham verbunden? Und können Sie diese Erlebnisse mit niemandem teilen, weil Sie dann von Ihrem Scheitern vor sich selbst sprechen müssten?

Ihren Feinden verzeihen, nur sich selbst nicht vergeben können: Ist das Ihre Einsamkeit?

Kann man nur in Stille und Einsamkeit leiden, und ist Schmerz, der öffentlich, vor den Augen zigtausender Menschen ertragen wird, kein Schmerz mehr, sondern Verbundenheit?

Bedarf wahre Scham der Maske?

Will, wer in Magazinen oder Talksendungen öffentlich seine Missetaten und Sünden beichtet, keine Vergebung, sondern Bewunderung?

Gibt es so etwas wie Emotionspornografie?

Ist Scham so peinigend, weil man sie im Gegensatz zu Schuld weder verdrängen noch relativieren noch aus einem anderen Blickwinkel betrachten kann?

Wenn Sie die große Dreifaltigkeit aus Hass, Scham und Angst betrachten: Kommt der wahre Hass aus der Jugend?

Ist an die Stelle der alten Schuldkultur und der noch älteren Schamkultur eine neue Kultur getreten: die der Peinlichkeit? Ist Peinlichkeit inzwischen schlimmer als Schuld?

Was verstecken Sie, wenn Besuch kommt?

Braucht, wer ein dickes Fell hat, kein Rückgrat?

Erzählen nur jene gern, die wenig erlebt haben?

Unsere Handschrift ist ein Geständnis, das vieles in uns zutage fördert. Beruhigt es Sie, sich hinter Times New Roman verstecken zu können?

In Grimms Märchen gibt es die Geschichte von den sechs Dienern. Ein Königssohn trifft auf seiner Wanderung durch den Wald sechs Menschen mit besonderen Fähigkeiten. Einer von ihnen trägt eine Binde um die Augen, weil sonst alles zerspringen würde, was er ansieht. Muss man auch Ihren Blick auf die Welt fürchten, weil Sie überall einen Riss hineinsehen, und dann bleiben Teile zurück, die nicht mehr zusammenpassen?

Was, wenn Sie einer mit Ihren Augen anschauen würde?

Ist Menschenkenntnis nur eine Zwillingsschwester des Argwohns?

Ist es leichter, die Menschheit zu kennen als einen Menschen?

Sieht, wer andere durchschauen kann, auch sich selbst in klarem Licht? Oder haben Erkenntnis und Selbsterkenntnis eher wenig miteinander zu tun?

Kennt sich selbst am wenigsten, wer andere zu kennen glaubt?

Möchten Sie Gedanken lesen können – nicht, um die Gedanken anderer zu lesen, sondern Ihre eigenen?

Würde Sie an Ihren Mitmenschen nichts mehr stören, sobald Sie selbst vollständig mit sich im Reinen wären?

Wie erklären Sie es, dass Sie niemanden kennen, der so über Sie denkt wie Sie über sich? Schauen die Menschen bei Ihnen nur nicht genau genug hin? Oder so genau, dass sie das Theater Ihrer Ich-Legenden durchschauen und Seiten von Ihnen kennen, die in den toten Winkeln Ihrer Selbstwahrnehmung liegen?

Angenommen, Sie sind so, wie die anderen Sie sehen: Fühlen Sie sich blamiert und gedemütigt oder geschmeichelt?

Mögen Sie Ihren Namen?

Wenn Sie einen neuen Vornamen für sich wählen müssten, welcher wäre es?

Welchen Vornamen würden Sie nach einer Geschlechtsumwandlung annehmen?

3

LEIDENSCHAFT, BEGEHREN, SEX

Angenommen, Ihr Partner sagt, er betrüge Sie: Hinterlässt dieses Geständnis in Ihnen das Gefühl eines verzweifelten Menschen mit gebrochenem Herzen, oder tobt in Ihnen die Wut eines Schriftstellers, dem man soeben den Plot versaut hat?

Interessieren Sie Menschen anderen Geschlechts erst nach Sonnenuntergang?

Wie oft haben Sie bei One-Night-Stands den Eindruck, Ihre Partner wollen vor allem sich selbst etwas beweisen, als wären Sie nur anwesend, um ihnen diese Beweisführung zu ermöglichen?

Wie halten Sie es mit Menschen, die beim Sex so spezifische Wünsche äußern, dass sich das Ganze anfühlt wie das Vortanzen für eine Revue?

Fühlen Sie sich gelegentlich wie ein Butler, der sich als lebender Dildo für die Herrin bereithält? Oder spüren Sie in solchen Momenten die Lust des Zu-Diensten-Seins, des Benutztwerdens, den Rausch, zu einem Objekt gemacht zu werden?

Wird Ihnen vorgeworfen, Menschen als Masturbations-Toy zu nutzen, als Vehikel für Self-Sex?

Ist der erste Sex mit einem neuen Partner immer die Begegnung mit dem Menschen, mit dem der Partner zuvor zusammen war, weil dessen Gesten, Bewegungen und Vorlieben in ihm eingespeichert sind?

Sind Sie beim Sex Sie selbst oder eher ein Schauspieler, der Sex performt wie ein angehender *method actor*?

Setzt Sie kaum etwas so sehr unter Stress wie die Aufforderung Ihres Partners, beim Sex doch endlich einmal authentisch zu sein?

Brauchen Selbstverbergung und Verstellung die Seele auf?

Falls Sie treu sind: Ist es Ihre Natur, treu zu sein, oder sind Sie aus Prinzipientreue treu?

Gibt Ihnen Anstand das Gefühl, ein moralischer Mensch zu sein?

Lieben Sie Ihren Partner, aber nicht den Sex mit ihm?

Was ist bei Ihnen stärker: der Wunsch, die Kontrolle zu behalten, oder die Sehnsucht, sie endlich einmal zu verlieren?

Nach wie vielen Jahren Beziehung gingen Sie abends wie zwei Menschen gleichen Geschlechts ins Bett?

Angenommen, Sie hätten nie mit Ihrem Partner geschlafen: Wären Sie Freunde geworden?

Haben Sie beim Fremdgehen das Gefühl, Ihren Partner mit dem anderen zu betrügen, oder wissen Sie bereits, dass Sie den anderen mit Ihrem Partner betrügen?

Kreisen Ihre sexuellen Phantasien um reale Menschen aus Ihrem Bekanntenkreis oder um Figuren, die Sie wohl kaum je kennenlernen werden, wie berühmte Schauspieler oder bekannte Models? Fühlt sich das eine für Sie verwerflicher an als das andere?

Kann man über Sie zwei völlig getrennte Lebensgeschichten schreiben: eine über Sie und eine über Ihren Körper?

Steckt Ihre Neugierde eher in Ihrem Kopf oder in Ihrem Körper? Hinterlässt, was Sie mit Ihrem Körper erleben, weniger Eindruck bei Ihnen als das, was Sie in Büchern lesen, oder umgekehrt?

Sind Sie einer dieser abwechslungssüchtigen Reizabgreifer, die beim Fremdgehen vornehmlich ihre Porno-Skills trainieren wollen, oder reklamieren Sie für sich wohlklingendere Motive wie Erfahrungshunger und Lebensgier?

Behaupten Sie, schon einmal so etwas wie sehnsuchtswild gewesen zu sein?

Ist gehabte Lust keine? Oder gab es in Ihrem Sexleben Szenen, die Sie heute noch beliebig vor- und zurückspulen können, Bild für Bild?

Was geht Ihnen durch den Kopf, wenn Sie hören, der Orgasmus eines Ebers dauere bis zu dreißig Minuten?

Der postphallische Mann: eine Erfindung des Feuilletons?

Erschreckt Sie mitunter, wie sehr das Verlangen eines Menschen nach Ihnen gerade das ist, wonach es Ihren Körper verlangt?

Wer regt Ihre sexuelle Phantasie stärker an: der Partner, der Sie verlassen hat, oder Ihr jetziger Partner?

Bei den Adeliepinguinen in der Antarktis wurden Nekrophilie, Homosexualität und Masturbation beobachtet. Illustriert das den Zusammenhang zwischen Unterbeschäftigung und luxurierender Sexualität?

Angenommen, Ihr Partner und Sie vergleichen Ihren Browserverlauf bei Internetportalen wie youporn.com: Ähneln sich Ihre Gelüste und Begierden, oder überkommt Sie auf einmal das Gefühl, in zwei unterschiedlichen Sonnensystemen zu leben?

Wer weiß mehr über das Leben: Ihre Traurigkeit oder Ihre Lust?

Ist die Lust nicht etwas, das man gibt oder nimmt, sondern eine Weise, sich hinzugeben und die Hingabe des anderen herbeizurufen?

Wie oft haben Sie von Ihrer Beziehung den Eindruck, Sie seien Rücken an Rücken aneinandergeschweißt und dazu verdammt, immer einen anderen Teil der Wirklichkeit zu sehen, Sie den Osten und Ihr Partner den Westen, Sie den Norden und Ihr Partner den Süden?

Sehnen Sie sich nach geistig abschüssigen Ausschweifungen, oder fühlen Sie sich hinterher einsamer als zuvor?

Wie viele Ihrer Sehnsüchte und Begierden haben Sie erst erkannt, als sie dank anderer in Erfüllung gingen?

Geben wir vor, Dinge zu wollen, die wir nicht wollen, damit niemand sieht, dass wir nicht bekommen, was wir brauchen?

Wie viele namenlose Empfindungen haben Sie?

Gibt es für Sie eine Zeit, die Ihnen im Rückblick wie das eigentliche Leben vorkommt, sodass alles Spätere nur noch Wiederholungen und Variationen dieser entscheidenden Lebensphase waren?

4

PAARE – UND IHR ENDE

Ein Mensch will nichts sein, was er nicht schon ist: Sind das die verlässlichsten Beziehungspartner – oder die ödesten?

Wer kommt im Urteil über Sie der Wahrheit näher: Sie selbst oder die Menschen, von denen Sie verlassen wurden?

Muss es in Ihrem Leben stets einen Menschen geben, den Sie dafür verantwortlich machen können, dass Sie nicht der sein möchten, der Sie sind?

Was macht Ihnen in Ihrer Beziehung mehr zu schaffen: das Alleinsein Ihres Partners oder Ihr eigenes?

Neigen Beziehungen sich ihrem Ende zu, wenn Fragen nicht mehr mit Fragezeichen enden, sondern mit Ausrufezeichen?

War Ihr Entschluss zu heiraten viel früher da als die Wahl Ihres Ehepartners? Haben Sie geheiratet, um verheiratet zu sein, und diesen Menschen dann in Ihr Leben gehämmert wie einen Nagel?

Da für einen Hammer bekanntlich fast alles aussieht wie ein Nagel: Mangelte es Ihnen an Geduld, auf den Menschen zu warten, bei dem eine Stimme in Ihrem Innern gesagt hätte: »Angekommen!«?

Welche Bereiche Ihres Beziehungslebens würden Sie lieber outsourcen?

Gehört es zum immerwährenden Körpergeruch der Menschheit, dass uns an einen geliebten Menschen selten bindet, was uns zu ihm hinzieht?

Gibt es Dinge, die man nicht mit seinem liebsten Menschen teilen kann und möchte – aus Liebe?

Gibt es in Beziehungen Wahrheiten, für die es sich zu lügen lohnt? Oder kann das Schlechte niemals Gutes hervorbringen?

Raten Sie einem Paar, das zum hinkenden Doppelgespenst geworden ist, zur Trennung, oder denken Sie im Souterrain Ihrer Seele, in einer neuen Beziehung würden lediglich alte Probleme durch neue ersetzt werden?

Sollten die unentwegt Wahrheitsliebenden besser unter sich bleiben und ausprobieren, wer den Wettkampf der Desillusionierung am längsten durchhält?

Fürchten sich die meisten Männer vor ihrer Geliebten mehr als vor ihrer Frau?

Sollte man eine neue Bekanntschaft anfangs nicht mit zu vielen Komplimenten überschütten, weil sich das auf die späteren Machtverhältnisse auswirken könnte?

Besteht Macht in einer Beziehung zu großen Teilen aus der Fähigkeit zu erkennen, wie bereitwillig der andere sie einem überlässt?

Gibt es Machtausübung durch Unglücklichsein? Kann man sich seine Nächsten dadurch unterwerfen, dass man erfolgreicher unglücklich ist als sie, weil derjenige am meisten gerechtfertigt ist, dem es am schlechtesten geht?

Sind die Unglückseligen selig vor lauter Unglück?

Sind Sie in Beziehungen wie eine Schlingpflanze, die sich an anderes klammern und es überwuchern muss, weil sie sich selbst keinen Halt geben kann?

Eine Frau auf Händen tragen: Ist das die bequemste und egoistischste Art, mit Frauen umzugehen?

Männer, die sich ihre Pullover um den Hals hängen wie ein Lätzchen, nur nach hinten: Ist das ein Trennungsgrund?

Wenn alles vorbei ist, es vorausgesehen haben wollen: Ist Hinterherheldentum eine Männerdomäne?

Ihnen begegnet die frühere Geliebte Ihres Mannes. Denken Sie dann: Ich bin, was sie einmal war, und ich werde vielleicht einmal sein, was sie jetzt ist?

Erwarten Sie von Ihrem Partner Schutz und Sicherheit, oder soll er Ihnen die Freiheit geben, unsicher zu sein?

Kommen für Sie ausschließlich Beziehungen infrage, in denen Sie nichts von Ihrer Einsamkeit opfern müssen und der andere nicht wünscht, dass Sie ihn aus sich selbst herausholen?

Ist es ein gutes Zeichen, zu zweit zu verreisen und trotzdem sehr viel zum Lesen zu kommen?

Süchtig danach sein, den anderen süchtig nach Ihnen zu machen und darüber sich selbst zu verlieren: Ist es das, womit Sie Ihre Beziehungen ruinieren?

Sind Sie ein Ich-Verschweiger und Nähe-Neurotiker, der sich spielen muss, sobald es eng wird?

Gibt Ihnen Ihre Einstellung zur Treue Anlass, zwischen Beziehungs- und Privatleben zu unterscheiden?

Funktionieren für Sie Zweierbeziehungen am besten zu dritt?

Sollten in einer Ehe Ihrer Meinung nach beide Partner ein bisschen unverheiratet bleiben?

Wären Sie gern mit einem Menschen zusammen, der nicht einmal mit Ihrer Erlaubnis imstande wäre fremdzugehen, oder haben Sie insgeheim Mitleid mit Naturen dieser Art?

Ist Liebe für Sie eine teilbare Masse, die man nicht auf einen Einzelnen beschränken kann? Können Sie zwei, drei, vier Menschen zur gleichen Zeit lieben? Hat deshalb niemand Anspruch auf Ihre Treue? Heißt mit Ihnen leben, teilen zu lernen, weil Sie es in einer Zwei-Personen-Gefühlsbürokratie nicht aushalten?

Falls Sie glauben, Polyamoriker zu sein: Nimmt die eine Liebe der anderen nichts weg?

Meinen Sie insgeheim, aus Ihrer Untreue erwachse für Ihren Partner kein anderes Recht als die Freiheit zu weinen?

Wie viele Beziehungen sind Sie hauptsächlich eingegangen, um sich selbst zu erleben?

Bei welchen drei Menschen würden Sie es verstehen, dass Ihr Partner Sie mit ihnen betrügt?

Kann man süchtig nach dem Alleinsein werden, weil einem in einer Beziehung früher oder später aufgeht, aus wie viel Rücksichtnahme, Selbstverleugnung und Verheimlichung vierundzwanzig Stunden bestehen?

Kann man sich in einer langen Ehe immer noch lieben, aber die Fähigkeit verlieren, einander auszuhalten?

Erwarten Sie seit dem Ende Ihrer Kindheit, dass jemand Sie tröstet?

Ist Affenliebe für Sie nichts Erdrückendes, sondern die ersehnte Rückkehr in die Achselhöhlengeborgenheit Ihrer Mutter?

Je mehr Brimborium und Getöse um die Hochzeit, desto brüchiger die Ehe?

Erscheinen uns Menschen, in die wir verliebt waren, ein paar Monate nach der Trennung, als hätten sie eine Verkleidung abgestreift, die sie für uns angelegt hatten oder wahrscheinlicher noch, die ihnen von uns übergestülpt worden war? Und ist alles, was diese Menschen nach der Trennung tun, erschreckend vorhersehbar und zeigt etwas, das da war, wir aber über Jahre nicht zu erkennen wussten?

Können zwei Menschen sich nur dann gütlich trennen, wenn ihre Herzen bereits lange zuvor miteinander gebrochen haben?

Weiß man erst, ob man liebt, wenn Liebe Opfer wird?

Nimmt das Gewicht des gern gebrachten Opfers beim Tragen zu?

Hat das Leben null Bedeutung, wenn man nicht für jemand anderen lebt und sich um ihn sorgt und kümmert?

Sich um den Partner kümmern: Schwingt da auch der Kummer und das Verkümmerte mit?

Können Sie nur dann wirklich für einen anderen Menschen da sein, wenn dieser Mensch leidet, vor allem wenn er wegen etwas leidet, das Sie selbst schon erlebt und dann überwunden haben?

Bei einem Abendessen in größerer Runde zählt Ihr Partner Ihre Fehler in der dritten Person auf, während Sie danebensitzen: Ist das ein Zeichen dafür, dass Ihre Trennung längst überfällig ist?

Gänsehaut, Freudentränen, Glücksweinen: Sind das für Sie nur noch Worte?

Wissen nur Menschen, die den Kummer kennen, dass man mit dem Trösten nicht zu früh beginnen darf?

Sagen Sie es Ihrem Partner ins Gesicht, wenn Sie sich von ihm trennen wollen, oder vergrößern Sie schrittweise die Distanz, wie wenn man einen Milchzahn mit der Zunge lockert, bis er nur noch an einem Faden hängt und das Rausziehen kaum noch wehtut?

Mischt sich kein erfahrener Mensch in den Krieg eines Paares ein, weil die beiden, sobald wieder versöhnt, im Dritten den gemeinsamen Feind erkennen als Basis des neuen Friedens?

Der Schriftsteller Max Frisch schreibt: »Es braucht eine Ehe, eine lange, um ein Monster zu werden.« Braucht es eine Ehe, eine lange, um ein Mensch zu werden?

Wahre Liebe ist bekanntlich selten. Ist wahre Freundschaft noch viel seltener?

Sind Freundschaften die reinsten Beziehungen im Leben, die Freundschaften, bei denen nichts weiter von einem verlangt wird als man selbst?

Warum gibt es kein Wort für das, was zwischen Freundschaft und Liebe liegt?

Begegnen Sie Menschen mit einem instinktiven Grundvertrauen, oder halten Sie Vertrauen für törichte Selbstaufopferung?

Wären Sie verzweifelt einsam, wenn Sie nur mit Menschen verkehrten, denen Sie unbedingt vertrauen können?

Ist Freundschaft für Sie ein Wert an sich, oder haben Sie lieber keine Freunde als solche, die Sie weniger interessant finden als sich selbst?

Besteht die größte Belastung einer Freundschaft nicht darin, dass Sie dem Freund Ihre Fehler zu erkennen geben, sondern dass Sie ihn seine erkennen lassen?

Gehört zur Anatomie Ihres Herzens, dass bei Ihnen nur die Freundschaften lange halten, denen eine Spur von Konkurrenz innewohnt?

Tragen Sie Ihr Unglücklichsein mit sich allein aus, weil Sie denken: Einen Freund muss man glücklich machen, glücklich und sonst nichts?

Sind Freunde die Entschuldigung Gottes für Verwandte?

5

KINDER, ERZIEHUNG

Sind die größten Unbekannten im Leben der Menschen ihre Kinder?

Sind Sie sicher, dass Sie Ihre Kinder nicht nur lieben, sondern auch mögen?

Glauben Sie, sich auf die Zuneigung Ihrer Kinder verlassen zu können, wenn diese von zu Hause ausgezogen sind?

Fürchten Sie die Welt, die Ihre Kinder Ihnen hinterlassen werden?

Fürchten Sie die Welt, die Sie Ihren Kindern hinterlassen?

Sollte, wer die Gesellschaft ändern will, bei seinen eigenen Kindern anfangen?

Würden Sie Ihren Kindern Ihr Leben wünschen?

Stehen Sie mitunter vor Ihrem Kind wie ein Kind, das lange Zeit Mutter oder Vater gespielt und nun die Lust an dieser Rolle verloren hat?

Ist man erwachsen, wenn man sich nicht mehr als erwachsen empfindet?

Wird man im Alter umso kindischer, je weniger man von seiner Kindheit hatte?

Kennen Sie einen starken Menschen, der eine leichte Kindheit hatte?

Der französische Schriftsteller, Politiker und Abenteurer André Malraux fragte einmal einen alten Priester: »Sie haben fünfzig Jahre lang in der Verschwiegenheit des Beichtstuhls Leuten zugehört; was haben Sie über die menschliche Seele gelernt?« Darauf der alte Priester: »Ich habe zweierlei gelernt. Erstens: Die Leute sind viel unglücklicher, als man glaubt. Und zweitens: Es gibt keine Erwachsenen.« Kennt jemand das ängstliche, verlorene Kind in Ihnen, das Sie waren und immer noch sind, oder sind Sie seit Ihrer Adoleszenz dabei, dieses Kind ohne Zeugen und Mitwisser umzubringen?

Ist es das Schlimmste, in einem Alter verletzt zu werden, in dem das eigene Bewusstsein noch nicht begreifen kann, wovon? Fühlt sich so ein Kind, wenn es seiner selbst bewusst geworden ist, wie jemand, der ein Weihnachtsgeschenk auspackt und dabei merkt, es ist schon kaputt?

Ist Jugend die Zeit, in der man nicht versteht, was Jugend bedeutet?

Ist das Dumme an der Jugend, dass man nichts davon hat, solange sie dauert?

Sind Eltern in den Augen ihrer Kinder nie jung gewesen, und erscheint das wenige, was an den Eltern jung geblieben ist, den Kindern kindisch?

Sind Eltern für Kinder so steinalt, als hätten sie die Welt miterfunden?

Fragt sich jeder mit fünfzehn insgeheim: Wann wurde aus meiner Mutter eine Behörde?

Es gibt ein eigenes Wort für die Urangst, wie die eigene Mutter zu werden: Matrophobie. Zählen Sie zu den Opfern?

Erscheint einem Jungen der Vater meist erwachsener als die Mutter? Oder hat Wolf Wondratschek recht, der in *Das Geschenk* schreibt: »Ein Mann ist ein unfertiges Kind, und jedes Kind weiß das und nutzt diesen Vorteil rücksichtslos aus«?

Warum sieht man es selbst nicht, ob man seinem Vater oder seiner Mutter ähnlich sieht?

Leuchtet meist nicht mehr, was einem als Erwachsener einleuchten soll?

Kann sich, wem die Kindheit als Paradies erscheint, nur nicht besser erinnern?

Haben Sie als Kind an Sonntagen nicht nur qualvolle Langeweile empfunden, sondern auch eine gewisse Traurigkeit, von der Sie nichts Genaueres wussten?

Wann haben Sie aufgehört, Ihren Eltern die Schuld an dem fehlerhaften Menschen zu geben, der Sie sind? Oder werden Sie damit nie aufhören, weil nur der Erwachsene in Ihnen verzeihen kann, nicht aber das Kind?

Welcher Gedanke überwiegt, wenn Sie an den Schmerz Ihrer Kindheit denken: Meine Gefühle waren nichtig, weil sich die Anlässe des Kummers im Rückblick als kindlich erwiesen haben? Oder: Könnte ich bloß einmal noch im Leben eine ganze Welt so in meine Verzweiflung legen wie als schreiendes Kind?

Ist von allen Flüchen, die Eltern heimsuchen können, die Mittelmäßigkeit der eigenen Kinder der peinigendste?

Ist das Angenehme an Enkelkindern, dass man sie nicht erziehen muss?

Können Sie über Clowns im Kinderzirkus lachen, oder machen sie Sie erst traurig und dann aggressiv?

Von welchem Buch wünschen Sie, Ihre Eltern hätten es gelesen, als Sie ein Kind waren?

Sollte man Kindern das Geschenk der Langeweile machen, damit sie herausfinden können, wer sie sind, ehe sie lernen, wen die Welt aus ihnen machen will?

Kommt für die meisten Menschen Elternschaft der Gelegenheit zur Tyrannei am nächsten?

Der Anthroposoph Rudolf Steiner war der Überzeugung, Menschen suchen sich vor der Geburt ihre Eltern selbst aus. Wenn Sie das für ein paar Sekunden ernst nehmen: Was sagt Ihre Elternwahl über Sie aus?

Halten Sie es für Firlefanz und vertane Zeit, sich mit Ihrer Kindheit auseinanderzusetzen, oder ist es notwendig zu erkunden, wie man war, wenn man erfahren will, wie man ist?

Ist das, was Sie Ihren Humor und Ihre Selbstironie nennen, das Exil Ihres inneren Kindes?

Fühlt man sich erstmals alt, wenn man anfängt, im Wortlaut seiner Eltern zu denken?

Wird der Schmerz über den Tod Ihrer Eltern gleichzeitig ein Schmerz Ihres Gewissens sein?

Wäre es für Ihre Kinder zurzeit leichter, den Vater oder die Mutter zu verlieren?

In Suizidstatistiken tauchen Fünfjährige auf. Kann einem fehlen, was man nie besaß? Kann das Gefühl des Heimwehs älter sein als die Erfahrung der Heimat?

Die hinterbliebene Ehefrau ist die Witwe. Wie heißen die Mütter gestorbener Kinder?

Ist *mutterseelenallein* das traurigste Wort der deutschen Sprache? Oder ist so zu denken ein Geschlechterklischee?

6

SCHÖNHEIT, STIL UND KUNST

Machen Leser oft einen ebenso beseelten wie enttäuschten Eindruck, weil sie innerlich überbevölkert sind von Gestalten, die alle besser zu ihnen passen würden als die Menschen in ihrem Leben?

Verliebt man sich auch in die schönste Musik erst, wenn man sie wiedererkennt, nicht, wenn man sie zum ersten Mal hört?

Sind die in aller Strenge abgerichteten Hände des Konzertpianisten freier, als es das versklavte Herz des Musikliebhabers je sein wird? Und sind manche großen Künstler in menschlicher Hinsicht so furchtbar enttäuschend, weil das Leben einem Menschen nur selten genug Zeit oder Gelegenheit bietet, auf mehr als eine Weise frei zu sein?

Wächst bei Künstlern mit der Größe ihres Ateliers das Desinteresse an den Mietproblemen ihrer Mitmenschen?

Können erfolgreiche Künstler noch authentisch wütend sein, oder ist die Wut über Heuchelei und ungerechte Zustände nicht im Kern immer die Wut über den fehlenden eigenen Erfolg?

Joseph Beuys, Christoph Schlingensief: Wie erklären Sie an Künstlern die Gleichzeitigkeit von Genialität und Schwachsinn?

Ist ein Star ein Mensch, der Ihnen nicht zuhört, wenn Sie nicht über ihn sprechen?

Zeichnet es Stars und andere Totalegozentriker aus, dass sie sich anderen am nächsten fühlen, wenn sie über sich selbst sprechen?

Marcel Proust schrieb *Auf der Suche nach der verlorenen Zeit* nahezu ausschließlich im Bett. Auch Truman Capote bevorzugte das Schreiben im Liegen: »Ich bin ein vollständig horizontaler Schriftsteller. Ich kann nicht denken, wenn ich nicht liege.« Kommen Ihnen die besseren Ideen im Sitzen oder im Liegen?

Haben Sie im Sitzen andere Meinungen als im Liegen?

Haben Sie im Stehen andere Meinungen als im Sitzen?

Haben Sie vor dem Essen andere Meinungen als danach?

Schreibt man, wie man atmet?

Denken Sie gelegentlich, dass Schriftsteller so schreiben, wie sie aussehen?

Ist engagierte Kunst wie ein Rechtsanwalt, der vor Gericht nur darlegt, was seinen Mandanten entlasten kann?

Ist die bildende Kunst, anders als die Literatur, kein Freund der Morgenstunden?

Lässt man einen Maler ein Porträt von sich anfertigen, um eine falsche Identität vorzuführen und sie als die echte auszugeben? Hat je einer Geld gezahlt, um sich von einem Maler die Maske abreißen zu lassen und den Teil des eigenen Selbst bei sich zu Hause aufzuhängen, den man tagtäglich mühsam vor allen verbirgt?

Sollte man ein wenig mehr Bedauern in sich aufbringen, dass mit der Pflanzenblindheit unseres Zeitalters auch Namen wie Himmelsschlüssel, Christusdorn, Engelstrompete und Himmelbrand verschwinden?

Eisblumen am Fenster: Gibt's das noch?

Nehmen Rollkoffer einer Reise jeden Anstrich von Romantik?

Interessiert es Sie, wer Ihre Unterhose entworfen hat?

Verleiht das Gefühl, gut angezogen zu sein, Ihrem Gemüt eine Ruhe, die Ihnen die Religion keine fünf Minuten lang geben konnte?

Sollte, wer nicht Cowboy von Beruf ist, ab fünfzig keine Jeans mehr tragen?

Wegen des vielen Geldes nie darüber nachdenken müssen, was einem wirklich steht, sondern unkonzentriert sich mal dies, mal das einpacken lassen: Erklärt das, warum die meisten Reichen so schlecht angezogen sind?

Sind teure Armbanduhren der Schwanzring der Wohlhabenden?

Zu welchem Anlass haben Sie zuletzt nachts eine Sonnenbrille getragen?

Sind Sonnenbrillen etwas für Leute, die ihre Brillen schöner finden als ihre Augen?

Ist das Problem sogenannter sexy Dessous, dass Reizarmes, von Reizen umhüllt, gleich noch reizloser wirkt?

Sollte man sich morgens für den Job anziehen, den man hat, oder für den, den man gerne hätte?

Warum empfinden Frauen einen attraktiven Mann als unattraktiv, sobald sie erkennen, dass er sich Mühe gibt, attraktiv zu sein? Und warum haben Männer bei Frauen keine vergleichbaren Empfindungen?

Welchem Körperteil von Ihnen darf man Komplimente machen, ohne dass Sie misstrauisch werden?

Von sich selbst besoffen sein: Kennen Sie das?

Eitelkeit schlägt Intelligenz: Glauben Sie, die Ausnahme zu sein?

Ist Eitelkeit die Einsamkeit, mit der man anderen auf die Nerven geht?

Gehören Sie zu den Eitlen zweiten Grades, die sich der offenen Selbstfeier zwar enthalten, aber nur, um im Geheimen desto intensiver in hochgestochener Eigenbedeutsamkeit zu schwelgen?

Zählt es zu den Paradoxien der Eitelkeit, dass sie ein Panzer ist, der den, der ihn trägt, verletzlich macht, weil er auf unsere Komplimente und Schmeicheleien angewiesen ist?

Haben Sie alles vom Pfau, nur nicht die Schönheit?

Ist das, was Sie Ihre Freiheit nennen, in Wahrheit ein Verstoßensein, die Ungebundenheit eines Menschen, den niemand an sich binden will?

Sind sogenannte Lebenskünstler in Wahrheit gefühlsarme Menschen, die so tun, als seien sie affektiv?

Bleibt in Ihren Träumen der Geruchssinn unbeteiligt?

Gehören Sie zu denen, die nur tagsüber müde sind? Oder sind Sie im Grunde immer müde, außer wenn Sie schlafen wollen?

Nicht schlafen können, während Ihre Furcht vor dem nächsten Tag ins Riesenhafte wächst; nach stundenlangen schwarzen Gedanken übernächtigt aufstehen, ausgeweidet von Ihren inneren Stimmen und verwundet von Erinnerungen, die Ihr Gehirn erbrochen hat; sich beim Zähneputzen fühlen wie ein wässriger Pfirsich aus der Dose: Wie oft passiert Ihnen das?

Wird die Welt gegen Mitternacht interessanter? Gibt es einen Sozialismus der Nacht, der es egal sein lässt, wie hinüber man sich am nächsten Tag fühlt?

Zählt *Handschuhfach* zu den liebenswerten Wörtern, weil dort schon lange niemand mehr seine Handschuhe verstaut?

Der Kulturjournalist Günther Rühle schreibt in seinem Abschiedsbuch *Ein alter Mann wird älter*, er habe in mehr als siebzig Arbeitsjahren an seinem Schreibtisch Sätze »von mindestens neunhundert Kilometern Länge hingetippt«. Leben Intellektuelle mit der Scham ihrer Überflüssigkeit?

Arthur Schopenhauer bemerkt im *Trost der Philosophie*: »Wie oft muss ich erleben, dass mein Geist in Angelegenheiten des alltäglichen Lebens das ist, was ein Teleskop im Opernhause oder eine Kanone auf der Hasenjagd.« Angenommen, der Schwimmer Ihrer Toilette ist defekt: Rufen Sie unverzüglich nach dem Klempner, oder denken Sie erstmal darüber nach, wie unerträglich es ist, dass Dinge kaputtgehen und man dem Verfall nicht entkommt?

Ist unkompliziert unter Ihrer Würde?

Hat schon jemand lange genug gelebt, um eine zweite Flasche Worcestersauce zu kaufen?

Ist der Blick nach vorn der blindeste von allen?

Neben der Eingangstür der Playboy Mansion West in Los Angeles hatte Hugh Hefner ein Türschild anbringen lassen mit der Aufschrift: »Si non oscillas, noli tintinnare«. Er übersetzte das mit: »If you don't swing, don't ring«. Sollte man sein Zusammensein mit Menschen danach beurteilen, ob man hinterher besserer oder schlechterer Laune ist? Verlören Sie Freunde, lebten Sie nach dieser Maxime?

Der Petersdom wurde während der Reformation gebaut; in Versailles war der Putz noch nicht trocken, als die Französische Revolution ausbrach: Ist ein politisches Prinzip am Ende, wenn es seinen architektonischen Ausdruck gefunden hat?

Der 1960 verstorbene Verleger Ernst Rowohlt rollte Manuskripte, die ihm Autoren für seinen Verlag anboten, zu einer Papierröhre zusammen, klopfte damit gegen seinen Hinterkopf und behauptete, nach dem Klang des Aufpralls die Qualität des Textes beurteilen zu können. Als der Kurator und langjährige Museumsdirektor

Kasper König gefragt wurde, wie lange er brauche, um bei Ausstellungen ein Kunstwerk von Rang zu erkennen, antwortete er: »Null Komma eins Sekunden. Wenn ich gut drauf bin, kann ich es sogar mit dem Arsch erkennen.« Meinen Sie, es gibt bei der Beurteilung von Kunstwerken inzwischen fortschrittlichere Methoden?

Ist eine Gänsehaut immer noch der verlässlichste Indikator dafür, dass man es mit einem großen Kunstwerk zu tun hat? Besticht einen selten, was man benennen kann?

Erkennt man einen großartigen Roman auch daran, dass wir ihn nach beendeter Lektüre im Kopf weiterschreiben?

Die literarische Welt ist vermint mit Rivalität, Neid und Feindschaft. Wenn, wie uns ständig versichert wird, das Lesen die Fähigkeit zur Empathie fördert, vermindert sie dann das Schreiben?

Haben Sie schon mal jemanden erlebt, der aus einem Theaterstück gekommen ist und gesagt hat: »Ich wünschte, es hätte länger gedauert«?

Wie oft denken Sie, Kultur sei Masochismus in Vollzug? Eine Art Pfahlsitzen, bei dem man, heideggerisch formuliert, dem Nichts beim Nichten zusieht?

Wie wird man einer dieser witzigkeitsbeflissenen Menschen, die meinen, selbst eine Trauergemeinde aufheitern zu müssen?

Würden Sie sich für zehntausend Euro einen Monat lang beide Nasenlöcher randvoll mit Leberwurst zuschmieren?

Stellen Sie sich vor, man zwingt Sie mit vorgehaltener Waffe, sich einer Schönheitsoperation zu unterziehen: Auf welchen Körperteil deuten Sie?

Kann die Schönheit eines Menschen Gefühle vortäuschen, mit denen er selbst nicht das Geringste zu schaffen hat – wie die Leinwand, auf der eine Schlacht abgebildet ist, keinerlei heroische Gefühle hegt?

Geht extreme Schönheit stets mit vollständiger Humorlosigkeit einher, oder kennen Sie Ausnahmen?

Bleibt man am Ende immer verwundet und unglücklich zurück, wenn man sich in einen beglückend schönen Menschen verliebt?

Der Dramatiker Arthur Miller, fünf Jahre lang der Ehemann von Marilyn Monroe, schreibt in seiner Autobiografie *Zeitkurven*: »Marilyn beschloss, kochen zu lernen, und begann mit Nudeln, die sie über die Stuhllehne hängte und mit dem Fön trocknete.« Sind phänomenal schöne Frauen in der Regel so ungeschickt, dass sie keine Suppendose öffnen können, ohne sich dabei gleichzeitig den Blinddarm zu entfernen?

Ist Symmetrie die Schönheit der Dummen? Braucht alles Schöne einen Bruch, einen Widerspruch in sich?

Geht das Adjektiv *hübsch* bei Frauen mit einer Verjährungsfrist einher und wandelt sich von *attraktiv* über *gut aussehend* bis *hat sich für ihr Alter gut gehalten*?

Lässt Schönheit Sie Verlegenheit und Scham empfinden, weil sie Ihnen Ihre eigenen Unzulänglichkeiten vor Augen führt?

Empfinden wir deshalb manche Menschen als *schmerzhaft schön*?

Die Schauspielerin Sharon Stone schreibt in ihren Memoiren *The Beauty of Living Twice*: »Style is what you do with what's wrong with you.« Als Beispiele führt sie Cher, Barbra Streisand und Danny DeVito an. Welche Makel versuchen Sie, mit Stil zu kaschieren?

Ist Ihr Gesicht gottgegeben, oder tun Sie für Ihr Äußeres Dinge, die jeden Gebrauchtwagenhändler ins Gefängnis brächten?

Ist es später ein Unglück, wenn man als junger Mensch schön war, weil man zu oft nur noch mit Heimweh nach dem Damals des eigenen Körpers beschäftigt ist?

Warum sehen in Fünf-Sterne-Hotels die Kellnerinnen und Kellner erfreulicher aus als die meisten Gäste?

Humor ist, wenn man trotzdem lacht, heißt es.
Ist Philosophie, wenn man trotzdem denkt?

Erinnern heutige Philosophen an Sockenhersteller, die nur Socken für Sockenhersteller herstellen?

Bei einem Treffen von Intellektuellen in Paris sagte der Dramatiker Eugène Ionescu: »Gott ist tot, Marx ist tot – und mir ist auch nicht ganz wohl.« Gehört zur Größe der Größenwahn? Wird niemand groß, der nicht überzeugt ist, die Erdachse laufe durch ihn hindurch? Und bleibt niemand groß, der die Demut nicht in sein Leben lässt?

Es gibt ein Quäntchen, aber was ist ein Quant? Es gibt ein Schnippchen, aber was ist ein Schnipp? Es gibt ein Scherflein, aber was ist ein Scherf? Was ist ein Hohnepiepel? Und was genau passiert eigentlich beim Garaus-Machen?

Sind mit Wörtern wie *Wonne* und *Lustwandeln* auch die von ihnen bezeichneten Gefühle verloren gegangen?

Welchem der folgenden Wörter wünschen Sie eine Renaissance: Seelenfrieden, Anmut, Gewahrsein, Erhabenheit, Ergriffenheit, Geruhsamkeit, Müßiggang, Selbstvergessenheit, Weltvergessenheit, Liebeslust, Liebestrunkenheit, Hingabe, Verzückung, Sinnestaumel, Wollust, Frohsinn, Daseinsjubel, Himmelstürmerei, Glückseligkeit, Sanftmut, Lauterkeit, Würde, Brüderlichkeit, Wahrhaftigkeit, Barmherzigkeit, Demut, Erbarmen, Vergebung?

Je mehr Gedankenstriche in einem Buch, desto weniger Gedanken?

Wenn der Schriftsteller Marcel Proust keine Lust verspürte, zu einer Verabredung zu erscheinen, ließ er ausrichten: »Kommen unmöglich. Lüge folgt.« Als ein Kurier bei Dorothy Parker klingelte, die Schriftstellerin aber Besseres zu tun wusste, als zur Tür zu gehen, rief sie aus dem Fenster im zweiten Stock: »I'm too fucking busy – and vice versa.« Sind Geistesgegenwart und Schlagfertigkeit etwas, worauf unsereins erst vierundzwanzig Stunden später kommt?

Halten Sie Schlagfertigkeit für das Gegenteil von Nachdenken?

Ist für einen Schriftsteller Langeweile die einzige echte Tragödie, weil alles andere Material ist?

Der Schriftsteller Jorge Luis Borges sagte mit fünfundachtzig: »Ich verliere immer mehr das Gedächtnis, aber ich behalte das Beste, und das sind nicht meine persönlichen Erfahrungen, sondern die Bücher, die ich gelesen habe.« Ist das die berufstypische Autohypnose von Menschen, die sich einzureden versuchen, Bücher seien wesentlicher als die Welt, die in ihnen beschrieben wird? Oder halten auch Sie mit zunehmendem Alter Bücher für die wahre Wirklichkeit der Welt?

Der französische Dichter André Breton, Sohn eines Polizisten, schrieb 1930 im *Zweiten Manifest des Surrealismus*: »Die einfachste surrealistische Handlung besteht darin, mit Revolvern in den Fäusten auf die Straße zu gehen und blindlings so viel wie möglich in die Menge zu schießen.«

Sind Sätze dieser Art leicht zu schreiben, aber schwer wieder aus der Welt zu bringen, weil Worte die Tendenz haben, Wirklichkeit zu erschaffen?

Ist entkoffeinierter Espresso das sinnloseste Getränk der Welt?

Warum ziehen sich manche Männer einen Scheitel, als wären ihre Kopfhälften verfeindet?

Sollte man Dialekte können, aber nicht müssen?

Ist Heimat da, wo man sich nicht erklären muss?

Friedrich Nietzsche schreibt in *Götzen-Dämmerung oder Wie man mit dem Hammer philosophiert*: »Damit es Kunst gibt, damit es irgendein ästhetisches Tun und Schauen gibt, dazu ist eine physiologische Vorbedingung unumgänglich: der Rausch.« Hat Ihnen Alkohol in Ihrem Leben mehr gegeben, als er Ihnen je wieder nehmen kann?

Gehört jeder bedauert, der das große, reine Alkoholglück aus schönem Weltvergessen und vollkommener Seligkeit nicht kennt? Und hatte Gunter Sachs zumindest ein klein wenig recht, als er sagte: »Ein Gentleman trinkt kein Wasser – außer zu Tabletten«?

Sollte man mit siebzig aussehen wie Samuel Beckett oder doch eher wie Volker Bouffier?

Ohne Alkohol keine Fortpflanzung?

Kann man sich einen Menschen wirklich schöntrinken?

Schließen Glamour und Gesundheit einander ebenso aus wie Glamour und Moral?

Lieben Sie es, in Briefen oder Manuskripten unleserlich gemachte Wörter und Passagen zu entziffern?

7

ERFOLG, GELD

Würden die Leute Sie erst richtig kennenlernen, wenn Sie genug Geld hätten?

Gehört es zu den seltsamsten Erfahrungen eines Menschenlebens, dass das Selbstbewusstsein nicht mit den sogenannten beruflichen Erfolgen mitwächst, sondern eine unveränderliche Größe zu haben scheint?

Sieht man es an den Gesichtern gealterter Machtmenschen, dass in dieser Welt Erfolg hat, wer am meisten Langeweile erträgt?

Sollte, wer Erfolg erringen will, sich möglichst so benehmen, als ob er ihn schon hätte?

Gehören Sie zu den unglückseligen Naturen, die mit wachsendem Erfolg nur verbitterter werden, weil Ihnen Ruhm und Geld die Ausflüchte für Ihre Unzufriedenheit nehmen?

Sollte man seinem Beruf mit einer Einstellung nachgehen wie die Meister im Mittelalter, die in Kirchen das Chorgestühl mit Schnitzereien an Stellen versahen, die nur wenige sehen konnten?

Wie groß kann einer sein, wenn er von vielen verstanden wird? Ist, wer Erfolg hat, noch nicht weit genug gegangen?

Ist Erfolg psychologisch der sicherste Weg zur Stagnation, weil er die Realitätswahrnehmung ruiniert?

Nimmt uns der Erfolg, was wir kennen, wogegen das Scheitern uns daran bindet?

Ist Einsamkeit der geheime Schlüssel zum Erfolg, weil man zum Überleben den Beifall der anderen braucht?

Unsere Gesellschaft bezeichnet als Misserfolg, was nicht ihrer Nachfrage entspricht. Gibt es deshalb so etwas wie die lähmende Langeweile des Erfolgs? Den Überdruss, den man verspürt, wenn man aufwacht und feststellt, dass man erfolgreich ist und fortan jeden Tag aufs Neue das tun muss, was einem diesen Erfolg beschert hat, denn hörte man auf damit, wäre man nicht mehr erfolgreich, sondern gescheitert?

Ist Erfolg ein Verhängnis, weil er die eigene Freiheit verschlingt und zu mehr Arbeit und weniger freier Zeit führt?

Heißt privilegiert zu sein, niemanden über sich zu haben – aber auch niemanden unter sich?

Machen Ihre Erfolge Sie nur dann wirklich glücklich, wenn Sie gleichzeitig andere scheitern sehen, besonders einen Ihrer Freunde?

Gehören Sie zu den Menschen, die den Tod ihrer Feinde betrauern, weil sie nicht mehr Zeugen Ihrer künftigen Erfolge werden können?

Ist der Zweifel der quälende Zwilling des Erfolgs?

Ermöglicht erst Erfolg den Zweifel? Ist, moralisch gesehen, der Zweifel die Strafe für den Erfolg?

Je größer der Erfolg, desto unsicherer das Herz, weil einen das dunkle Gefühl nicht verlässt, ein Hochstapler zu sein, der morgen schon vor aller Welt entlarvt wird?

Braucht man sich nur die Aufstiegsstrampeleien der Emporgekommenen anzusehen, um sich über das eigene Scheitern hinwegzutrösten?

Schaffen es nur Menschen, die über lange Zeit Erfolg haben, gelegentlich nicht eitel zu sein?

Gehört es zu den qualvollsten Erfahrungen, Erfolg mit etwas zu haben, das man selbst nicht gut findet?

Welche Bezeichnung verdient Ihr bisheriges Berufsleben: Karriere, Laufbahn, Werdegang?

Falls Sie glauben, Karriere gemacht zu haben: Entstehen Karrieren, wenn Zufälle auf Umstände treffen?

Ist die finanzielle Erfolglosigkeit des Partners ein Liebes- und Eroskiller, der bei Trennungen vom Verlassenden schamvoll verschwiegen wird?

Was macht, bei genauerer Überlegung, einsamer: Erfolg oder Misserfolg?

Der Tennisspieler Björn Borg wurde nach seinem fünften Wimbledon-Sieg gefragt, was ihn nach all den Jahren immer noch antreibe. Borg antwortete: »Das animalische Verlangen der Zuschauer, mich endlich mal verlieren zu sehen.« Wohnt in jeder Bewunderung bereits die Feindschaft? Die verdeckte Eifersucht auf Menschen, die schöner, glamouröser, reicher sind als man selbst und es deshalb schon lange verdient haben, endlich einmal »auf die Fresse zu fliegen«?

Ist kaum etwas mächtiger als jener Neid-Hass, der Menschen weniger die Parole *Das will ich auch!* einflüstert als den Kehrreim *Ich will nicht, dass der das hat!* – so als hätte der Erfolgreiche ein Unrecht begangen, das gesühnt werden muss?

Wenn uns jeder Erfolg einen Feind verschafft: Muss man dann ein unbedeutender Mensch sein, um beliebt zu sein?

Sind Erfolgsmenschen oft so hirnerschütternd langweilig, weil sie aufgehört haben, sich infrage zu stellen und andere Menschen nur noch ertragen, wenn sie ihnen zuhören?

Gehört zu den ersten Konsequenzen von Erfolg, das Gespür für die eigenen Lächerlichkeiten, Vernagelungen und Blindheiten zu verlieren?

Der Psychoanalytiker Sigmund Freud schreibt: »Wenn man der unbestrittene Liebling der Mutter gewesen ist, so behält man fürs Leben jenes Eroberungsgefühl, jene Zuversicht des Erfolges, welche nicht selten wirklich den Erfolg nach sich zieht.« Korreliert Ihr Erfolgslevel mit Ihrer Mutterbeziehung?

Warum verblassen die Erinnerungen an Ihre Erfolge so rasch, wogegen Ihre Blamagen Ihnen noch nach Jahrzehnten mit blendender Intensität vor Augen stehen?

Ist Scham in Wahrheit Ihr stärkstes Gefühl, überwältigender als Liebe und Trauer?

Halten Triumphe keine Lehren bereit, wogegen jeder Peinlichkeit eine Erleuchtung innewohnt?

Sind in einer Peinlichkeit Erkenntnis, Witz, Befreiung, Glück verborgen?

Gibt es für einzelgängerische Charaktere so etwas wie die Seligkeit des Misserfolgs, weil die Leute eine Art Trauerfalldiskretion entwickeln und einen in Ruhe lassen?

Sich durchbeißen, es allen zeigen wollen, sich nach oben durchboxen: Sollte man für eine große Karriere die Schmach seiner Kindheit und Jugend frisch halten und niemals an ihr zu leiden aufhören?

Halten Sie sich für einen nachahmenswerten Menschen? Wäre die Welt ein besserer Ort, wenn mehr wie Sie wären?

W*enn du sie nicht schlagen kannst, dann schlag dich auf ihre Seite:* Ist diese Businessmaxime Grund genug, Privatier werden zu wollen?

Ist dem Hassenden eher an Versöhnung gelegen als dem Gehassten, weil er begreift, dass ihn sein Hass mehr schädigt als den, den er hasst?

Brauchen Sie ein Zimmer, um zu hassen, weil Sie im Freien nicht hassen können?

Sollte man Gedanken misstrauen, die nicht beim Gehen im Freien konzipiert wurden?

Können Sie erklären, warum bei Angehörigen von Reflexionsberufen die bedingten Reflexe besonders robust ausgeprägt sind? Erinnert Sie die Vorhersehbarkeit dieser Reflexe zuweilen an die Konditionierungsstudien des russischen Medizinnobelpreisträgers Iwan Pawlow?

Der antike Philosoph Pythagoras fragte einmal: »Wozu ist der Mensch auf Erden?« Seine Antwort war: »Um den Himmel zu betrachten.« Schaffen Sie das eine ganze Minute lang?

Warum können Sie so wenig mit sich anfangen, wenn nichts zu tun übrigbleibt?

Ist Hedonismus eine Variante des Verdrängens?
Ist Geldausgeben die angenehmste Art, vor sich selbst wegzulaufen?

Führt die Fettlebe der Reichen zu einem ähnlichen Grad der Erschöpfung wie harte Arbeit?

Reinhard Mohn, Gründer des Medienimperiums Bertelsmann, zum *Unternehmer des Jahrhunderts* gewählt und fünffacher Milliardär, flog einmal im Firmenjet nach Jerusalem. Als seine Frau Liz nach Ankunft im Hotel um ein Glas Champagner bat, schaute er in die Getränkekarte und sagte: »Champagner kostet fünfmal so viel wie israelischer Sekt. Er kann unmöglich fünfmal so gut sein. Wir nehmen israelischen Sekt.« Kann man ehrgeizig sein, ohne nicht auch geizig zu sein?

Ist Ihnen schon einmal aufgefallen, dass fast alle Geizhälse steinalt werden, als grauste es selbst dem Tod vor ihnen?

Hoffen geizige Menschen, dass alle ihre Erben vor ihnen sterben werden?

Ist Neid, anders als Geiz, ein unvermeidbares Gefühl, weil er zu den Urdiktaten in uns gehört?

Ist Neid unversöhnlicher als Hass?

Bedeutet Neid Einzelhaft, weil es blamabel wäre, von ihm zu erzählen?

Ist Neid die unvornehmste der sieben Todsünden?

Schützt nur Stolz vor Neid?

Hält, wer seine Gegner für Neider hält, sich für beneidenswert?

Werden Sie vornehmlich aus Neid moralisch?

Sollte man lernen, mit seinem Neid zu spielen, und anfangen, diejenigen sympathisch zu finden, die einem etwas voraushaben?

Gehört es zu den Hauswahrheiten, dass Fleiß ein soziales Glück ist, auch wenn seine Motive eher traurig sind?

Begreift man nichts durch Anstrengung, aber einiges durch Langeweile?

Zu allem bereit, aber zu wenig imstande: Gehören Sie zu den Menschen, deren Ehrgeiz und Enthusiasmus größer sind als ihr Talent?

Geben Sie Ihre Mittelmäßigkeit als Faulheit aus, weil das irgendwie cooler klingt?

Als in Jean-Luc Godards Film *Außer Atem* der Schriftsteller Parvulesco gefragt wird, was die größte Ambition seines Lebens sei, antwortet er: »Unsterblich werden und dann sterben.« Wirkt Ihre Erkenntnis, frei von Berufungen zu sein, auf Sie befreiend oder beschämend?

Ist alles selbst machen zu wollen das Kennzeichen des Unbegabten?

Ist ein zweitklassiger Beruf, den man erstklassig ausübt, besser als ein erstklassiger, den man zweitklassig betreibt?

Tun Könner, was sie können, nur halb, und tun Dilettanten, was sie nicht können, ganz?

Soll wollen, was er kann, wer nicht kann, was er will?

Kann man von Lehrern und Universitätsdozenten lernen, dass nichts die eigene Faulheit besser kaschiert als Strenge?

Mit welchem Satz würden Sie Ihre Memoiren beginnen? Und mit welchem beenden?

Sind es die Hierarchien, die immer flacher werden, oder bloß die Hierarchen?

Mitten im Leben – wo mag das sein?

8

EINSAMKEIT, ÄLTERWERDEN, STERBEN LERNEN

Bei Botho Strauß liest man: »Mich befreien? Ich will mich nicht befreien – außer von allem, was mit dieser verrückten Idee, sich von irgend etwas befreien zu müssen, zusammenhängt. Ich lebe mit meinen Nachtmahren, meinem Versagen und meinen unwiderruflichen Versäumnissen. Sie vermehren sich und formen einen plastischen Begriff von meinem Leben, sie geben ihm Richtung und Kontur – ich sollte mich von dieser Bitternis befreien? Ha! Es bliebe wenig übrig von mir!« Sollte man seine Dämonen nicht exorzieren wollen, sondern mit ihnen zusammenleben wie mit einem Partner, der einen bereichert und vervollständigt?

Verlieren wir, wenn wir unsere Dämonen verlieren, auch unsere Engel?

Erkennt man Menschen, die ihre Dämonen früh aus ihrem Leben verbannt haben, an ihrem Unerfülltsein?

Schlägt in Ihrem Herzen eine überzeitliche Traurigkeit, Sie kennen sie und wissen doch nicht, woher?

Ist Erfahrung immer etwas von gestern? Sagt einem die Erfahrung, dass Erfahrung dumm macht, weil sie einem nicht sagt, was kommen wird, sondern nur die Neugierde darauf mindert?

Rächt die Zeit alle Wunden?

Neuerungsbereit, zukunftsmutig, hoffnungsfroh: Vor wie vielen Jahren waren Sie das zuletzt? Hat damals Ihr Seelennovember begonnen?

Haben Sie in Ihrem Leben schon so viele Lösungen finden müssen, dass Sie angefangen haben, Ihre Probleme zu lieben?

Pädophobe Alte, die beim Anblick eines spielenden Kindes nicht mehr lächeln müssen: Erkennt man schon daran, ob Menschen richtig oder falsch gelebt haben, ob ihr Liebessinn noch lebendig ist?

Friedrich Nietzsche schreibt: »In der Einsamkeit frisst sich der Einsame selbst auf, in der Vielsamkeit fressen ihn die Vielen. Nun wähle.« Votieren Sie für Option eins oder zwei?

Ist das Problem unserer Tage nicht die Einsamkeit, sondern der Verlust der Einsamkeitsfähigkeit?

Ist innerlich unabhängig nur, wer die Einsamkeit begriffen und mit ihr zu leben gelernt hat?

Seit wann sind bei Ihnen Alleinsein und Bei-sich-selbst-Sein nicht mehr dasselbe?

Ist schon der Tag gekommen, an dem Sie sich gesagt haben: »So habe ich mich nicht gemeint«?

Stehen neben Begeisterungsfähigkeit, Kraft und Ambition auch unerschütterliche Überzeugungen auf der Verlustliste Ihrer Biografie?

Was haben Sie beim Kauf Ihres ersten Nasenhaarschneiders gedacht?

Brauchen Sie das Geländer, um eine Treppe abwärtszusteigen? Kommen Sie nur noch abgestützt aus der Hocke? Bekommen Sie im Zug den Koffer nicht mehr allein auf die Ablage? Finden Sie Chirurgen, Minister, Piloten gefährlich jung? Gab es in Ihrem Leben schon den Tag, an dem Ihnen ein Medikament verschrieben wurde, das Sie bis ans Ende Ihres Lebens nehmen müssen? Wenn Sie diese Fragen beantwortet haben und dann Ihr tatsächliches Alter mit Ihrem gefühlten vergleichen: Auf wie viele Jahre Differenz kommen Sie?

Körperlich berührt werden: Ist das die Empfindung, nach der man sich im Alter am meisten sehnt? Haben Alte keine anderen Begierden als Dreißigjährige, müssen aber so tun? Ist das Altsein eine Heuchelei vor Jüngeren?

Wie oft fühlen Sie sich wie ein erkalteter Planet, der von frühen Naturereignissen träumt?

Ist es nicht ganz verkehrt zu sagen, man sei so jung, wie man sich fühle, da die Haut von innen nichts von ihren Falten weiß?

Warum zelebrieren Sie immer noch Ihre Eitelkeit, wo es doch schon lange niemanden mehr gibt, der Sie attraktiv findet? Wissen Sie noch, wie Sie früher über so einen Möchteimmernochgern gedacht haben?

Ist das, was Ihre Mitmenschen seit einiger Zeit verwundert Ihre *neue Milde* nennen, in Wahrheit ein Resultat von Lebensabrieb und Erschöpfung?

Ist Ihre Art Müdigkeit keine Empfindung, sondern die Abwesenheit einer Empfindung, eine Nichtempfindung, die alle Empfindungen übertrifft?

Ist im Alter Lebensmüdigkeit auch eine körperliche Wahrheit? Sind es nur noch Form und Fassung, die Sie zusammenhalten?

Altert man in der Phase, in der man die Radikalisierung des eigenen Lebens abbricht?

Ist das erste Symptom des Alters, dass aus Tragödien plötzlich Komödien werden?

Fühlen Sie sich im Alter mehr zu sich selbst als zu anderen hingezogen?

Leiden Sie unter Mitgefühlsmüdigkeit? Spüren Sie Ihre Gewissensmuskulatur erschlaffen?

Dehnt sich kein Alter wie das Alter?

Ist Altern Kastration in Zeitlupe?

Wollen Sie jung bleiben, oder wollen Sie jung werden, nachdem Sie in Ihrer Jugend alt sein mussten?

Haben Sie Ihre Schönheit an die Zeit verloren oder an Unglück und Missgunst?

Werden Sie von Ihrer Vergangenheit verfolgt oder von Ihrer Zukunft?

Variiert jede private Begegnung für Sie inzwischen nur noch das Gefühl des Alleinseins?

Ist es ein Gesetz, dass jeder, der sich im Alter durch einen Wechsel des Wohnortes einen lebenslangen Wunsch erfüllt, vom Regen in die Traufe kommt?

Was wir verloren haben, was sich im Leben nicht erfüllt hat, worum wir trauern: Ist es das, was uns im Alter zuinnerst zu der Person macht, die wir wirklich sind?

Gehört zu den Misslichkeiten des Älterwerdens das Verschwinden der Adventsfreude?

Ist das Entspannende am Altwerden, dass man damit umzugehen gelernt hat, dass die Dinge nicht so laufen, wie man sich das vorgestellt hat?

Ich muss gar nichts mehr: Ist das das Sanfte, das Glücksbringende am Alter?

Oder der Rollator des Geistes?

Besteht ein Trost des Alters darin, dass es den Menschen von der kindischen Furcht vor Hohn und Spott befreit?

Von der Qual des Habenwollens befreit sein, sich selbst mehr verzeihen können, an Schicksalsschlägen nicht mehr zerbrechen: Zählt das zu den wenigen Vorzügen des Alters?

Die Jugend denkt: Ich denke. Denkt man im Alter: Etwas in mir denkt?

Ist im Alter ein unzuverlässiges Gedächtnis die Hauptquelle des Vergnügens, weil es sich an Details von Situationen erinnert, die man nie erlebt hat?

Haben Alte aus ihrer Vergangenheit einen Roman gemacht, den sie ins Regal gestellt haben?

Kommt in jedem Leben der Augenblick, in dem die Zeit einen anderen Weg geht als man selbst? Hört man in diesem Moment auf, Zeitgenosse zu sein, und lässt die Mitwelt ziehen?

Bei welchen Indizien des Alters heben Sie den Finger: am Herzen erblinden, das Glück hinter sich haben, innerlich um einen bitteren Kern schrumpfen, den Hohn zerschlagender Hoffnungen verwinden müssen, abgemeldet sein, vor sich hin wursteln und das Leben geschehen lassen, sich kein Projekt mehr sein, sich die Welt vom Leib halten, teilnahmslos und unerschütterlich werden, eine Insel aus sich machen, sich selbst eine Last sein, sich von Krankheiten durchsiebt fühlen, sich unvorzeigbar vorkommen und sich deshalb in die Uneinsehbarkeit zurückziehen, gelangweilt sein von den trivialen, nervtötenden Wiederholungen der Erinnerung, am Tagtäglichen des Lebens irrewerden, an der komplizierten Nutzlosigkeit des Daseins verzweifeln, sich fühlen, als habe einen die Einsamkeit längst lebendig eingemauert, nur noch Dinge wahrnehmen, keine Menschen mehr, genug vom Leben haben, vom Lebendigsein, nur noch Neid und Missgunst gegen jedes Anzeichen von Lebendigkeit bei anderen hegen?

Was fürchten Sie mehr: hüftsteif oder denksteif zu werden?

Ist der Umgang mit Alten gefährlich, weil sie Frieden mit sich selbst machen wollen und dazu das Aussprechen von lang verschwiegenen Wahrheiten gehört?

Ist das Fluchwürdigste am Alter, in seinen Träumen immer jünger zu sein, als man ist?

Wer die legendäre Verlegerin Aenne Burda nach ihrem Befinden fragte, bekam stets dieselbe Antwort, auch noch, als sie fünfundneunzig Jahre alt war: »Mir geht's gut, ich hasse!« Gehören Sie auch zu den Alten, deren Leidensglück der Hass ist, alter, verbrauchter Hass, den man bei Gelegenheit mal austauschen müsste, so wie Ölwechsel?

Wenn zwei Menschen miteinander reden, sind mindestens zehn Personen involviert: Die beiden Personen, die miteinander sprechen; die beiden Personen, die diese beiden jeweils denken zu sein; die beiden Personen, für die sie einander halten; die beiden Personen, die sie gern sein würden, sowie die beiden, vor denen jeder der beiden Angst hat. Schauen Alte sich deshalb so gern Tierfilme an?

Angenommen, Sie treffen im Alter den Sechzehnjährigen, der Sie einmal waren: Hätten Sie ein paar Ratschläge für ihn parat, oder müssten Sie sich eingestehen, dass Sie nichts zu sagen wissen?

Was hätten Sie mit sechzehn in Ihrem juvenilen Moralismus zu Ihrem heutigen Leben gesagt?

Haben Sie noch, um mit Schiller zu sprechen, Achtung vor den Träumen Ihrer Jugend?

Beurteilt man in der ersten Lebenshälfte Menschen nach ihren Antworten, in der zweiten nach ihren Fragen?

Soll man denen folgen, die nach der Wahrheit suchen, oder denen, die sagen, sie hätten sie gefunden?

Schätzen Sie Fragen ohne Antworten, oder gehören Sie zu diesen Gemütsmenschen, die stets Antworten ohne Fragen parat haben?

Ist der Schulbesuch schon deshalb eine Zumutung, weil man dort auf Fragen reagieren soll, deren Antworten der Lehrer kennt?

Sollten Eltern begreifen, dass das ärztliche Attest zu den Waffen der Sensiblen gehört?

Jenseits der fünfzig immer noch mit dem Beat der Zeit gehen wollen: Ist das so, als würde man die Wände eines Museums pink streichen, damit die Renaissancegemälde zeitgenössischer aussehen?

Fürchten Sie, auf Ihrem Sterbebett zu bereuen, so wenig zu bereuen zu haben?

Der Dramatiker Friedrich Dürrenmatt wurde 1990, zwei Wochen vor seinem Tod, gefragt, was die Quintessenz seines jahrzehntelangen Nachdenkens sei. Seine Antwort war: »Das Ich in die Ecke stellen und vergessen wie einen Regenschirm.« Der Künstler André Heller sah es fünfundzwanzig Jahre später ähnlich: »Ich habe mein halbes Leben in der Geiselhaft meines riesigen Egos zugebracht. Eines Tages begriff ich aber, dass man sein Ego nicht ist, sondern dass man es hat – so wie man kein Auto ist, sondern eines hat.« Sollte man rechtzeitig einen Nachruf auf sich selbst schreiben, damit man weiß, wie man gelebt haben will?

Ist so ein Nachruf auf sich selbst auch deshalb produktiv, weil man sich in gewisser Weise selbst verpflichtet, so werden zu sollen, wie man gewesen zu sein gehofft hatte?

Haben Sie Angst vor dem Tod, weil Sie sterben werden, ohne stolz darauf zu sein, wie Sie gelebt haben?

Fürchten Sie, am Ende sich eingestehen zu müssen, Sie seien Ihr Leben lang eine Leiter hochgeklettert, die an der falschen Wand lehnt?

Ars moriendi, die Kunst des Sterbens, gehörte im Spätmittelalter zu den höchsten Lebenszielen. Angenommen, Sie hätten sich ausreichend lange in dieser Kunst geübt: Hätte das Bewusstsein der eigenen Sterblichkeit statt Schrecken womöglich Schönheit?

Sind Sie ein Beispiel für postmortale Eitelkeit und überlegen öfters, was Sie in den Reden bei Ihrer Beerdigung auf gar keinen Fall hören möchten?

Was ist peinigender: allein zu sterben oder im Beisein von Menschen, die einem das Gefühl von Alleinsein geben?

Der Schriftsteller und Philosoph Jean-Jacques Rousseau äußerte auf seinem Sterbebett den Wunsch, die Namen sämtlicher Blumen der Welt zu lernen. Stirbt es sich am schwersten, wenn die Neugier und Wissbegierde noch nicht erloschen ist?

Sieht man bei Beerdigungen manchen Besuchern an, dass sie aus dem Unglück der Hinterbliebenen nützliche Konsequenzen für sich selbst ziehen wollen?

Nutzen Menschen Beerdigungen als Gelegenheit, um über etwas in ihrem eigenen Leben zu trauern?

Galt an allen Gräbern, an denen Sie je geweint haben, Ihr Schmerz dem Teil Ihrer Person, den man da mitbegrub?

Sollte es bei Beerdigungen vorab eine Gästeliste geben, damit nicht, wie bei uns üblich, jeder kommen kann, der will?

Wie oft denken Sie bei Beerdigungen: Hoffentlich kommen zu meiner Trauerfeier mehr Leute?

Sollte man Gesundheitsbücher mit größter Zurückhaltung lesen, da man an einem Druckfehler sterben könnte?

Zwingt Sie die Nähe zum Tod, sich einzugestehen: Ich bin geliebt worden, ja, aber ich habe nicht lieben können – oder nicht zu lieben verstanden (was dasselbe ist)?

Anastasius Grün, der Lyriker des Vormärz, flüsterte auf seinem Sterbebett: »Nicht fertig, nicht fertig! Muss noch leben!« Werden Sie ohne *Möchte noch* von dieser Welt abgehen?

Sind Sie einem Menschen unentbehrlich? Werden Sie sterben, ohne für jemanden das Wichtigste zu sein?

Sterben Sie als alleingelassener Alleinlasser?

Trennt man sich ab einem bestimmten Alter nicht mehr von den Toten und bleibt in ihrer Zeit, in ihrer Gesellschaft?

Der Schriftsteller Gustave Flaubert verfügte, mit seinem Tintenfass begraben zu werden. Was wollen Sie mit ins Grab nehmen? Ihr Smartphone vielleicht? Oder die Festplatte Ihres Computers?

Der Schriftsteller Benjamin von Stuckrad-Barre will seinen Grabstein mit der Inschrift versehen lassen: »Hey there, I'm using WhatsApp!« Der Kabarettist Gerhard Polt neigt, seine Lebenszufriedenheit bilanzierend, zu der Gravur: »4+«. Was soll auf Ihrem Stein stehen?

Der Philosoph Georg Wilhelm Friedrich Hegel sagte auf dem Sterbebett: »Nur ein Mensch hat mich je verstanden«, um dann fortzufahren: »Und auch der hat mich nicht verstanden.« Rainer Maria Rilkes letztes Gedicht, geschrieben 1926, endet mit den Worten: »Niemand der mich kennt.« Formulieren Sie manchmal Ihren Nachruf, überlegen *Wer wirst du gewesen sein?* – und weinen?

Wollen die Menschen am meisten von uns, wenn sie sterben: Erinnerung, Bestätigung, Anerkennung, Vergebung, Erlösung?

Wer ist in Ihrem Leben der wirkungsmächtigste Tote? Bleibt dieser Mensch im Lauf der Jahre derselbe, oder ändern Ihre Erfahrungen Ihr Verständnis von ihm und damit das Bild, das Sie von ihm in Ihrem Kopf haben?

Die Toten herbeibeschwören: Können das wirklich nur noch sogenannte Naturvölker?

Warum predigt die Religion nur Mitleid und keine Mitfreude?

Baut das Prinzip Gott auf den Schmerz? Könnte man erst von der Vernichtung Gottes sprechen, wenn der Schmerz in der Welt ausgelöscht wäre?

Warum steht Selbstmitleid in der Theologie nicht auf der Liste der Todsünden?

Darf man Gott einen desaströsen Dramaturgen nennen, da er das Miserabelste, Unerfreulichste und Quälendste im Leben für den Schluss vorgesehen hat?

Würde Sie ein Gott beeindrucken, der sagt: »Ich liebe dich – aber was geht das dich an?«

Ist Gott oft am gnädigsten, wenn er Ihnen nur zuhört, statt Sie zu erhören?

Was mögen Maler sich denken, die Jesus mit onduliertem Bart darstellen?

Ist die Wendung *in aller Herrgottsfrühe* ein Grund, Atheist zu werden?

Ist *auferstehen* das christlichste aller Wörter?

Ist Gott nur ein anderes Wort für Tod?

Wenn Sie glauben, die Toten sehen, was die Lebenden tun: Glauben Sie dann auch, die Toten erfahren im Nachhinein alles, was Sie über sie gesagt haben, als sie noch lebten?

Kennen Sie diesen Regen, bei dem man glaubt, jemand habe dem Himmel das Herz gebrochen?

Wenn der Himmel über Ihnen leer ist: Was sind in Ihrem Leben die höchsten Gefühle?

Wenn es Gott schon nicht gibt, möchten Sie dann wenigstens sagen dürfen, dass Sie ihn vermissen?

Ist die Ahnung, dass es im Himmel keine Kunst gibt, ein Grund, Agnostiker zu werden?

Halten Katholiken abgöttische Liebe zwischen Menschen insgeheim für eine Sünde?

Muss man ein wenig eifersüchtig auf Katholiken sein, weil nur sie den Zauber der Beichte nach der Sünde kennen?

Durch die Bußstrafe nach der Beichte wird die karmische Uhr auf null zurückgestellt. Ist es deshalb so ziemlich die blödeste Sünde, im Beichtstuhl zu lügen?

Sollte man Menschen nicht nach ihren Antworten beurteilen, sondern nach dem, was diese Antworten aus ihnen gemacht haben?

Suchen Sie noch nach Antworten, oder haben Sie bereits gelernt, die Fragen zu lieben, weil einige von ihnen dann selbst zu einer Antwort werden?

© privat

BIOGRAFIE

Sven Michaelsen studierte Literatur und Geschichte, war Reporter und Autor beim »Stern« sowie Chefreporter von »Vanity Fair«. Er interviewt für das »Süddeutsche Zeitung Magazin« seit 2007 die kulturellen Leitfiguren und Idole unserer Zeit, wurde zwei Mal mit dem »Deutschen Reporterpreis« ausgezeichnet und schrieb acht Bücher. Im Residenz Verlag erschien zuletzt »Warum hat das Unglück mehr Phantasie als das Glück?«.

ISBN: 978 37017 3564 8

Dinge des Lebens

Jochen Jung

DAS BUCH

Kaum jemand ist mit dem Medium Buch stärker verbunden als Jochen Jung. Über viele Jahrzehnte hat er Bücher gelesen, lektoriert, verlegt und selbst geschrieben. Mit findigem Gespür hat er Talente entdeckt und leidenschaftlich der Sprache und der Weltliteratur gehuldigt. Was macht unsere Zivilisation aus, wie gestaltet sich menschliche Kreativität? Welche Themen finden auf gedrucktem Papier ihren Niederschlag und wie erreichen sie die Leser*innen? Jochen Jung beschreibt seine persönlichen Zugänge zum Buch, seine Begegnungen mit Autor*innen und erzählt, welche Bücher seine Leserbiografie geprägt haben. Die Liebeserklärung des Verlegers an ein Ding des Lebens, das die Geschichte des Menschen über Jahrhunderte hinweg prägte, ist ein leidenschaftliches Plädoyer für das physische Buch.

ISBN: 978 3 7017 3563 1

Dinge des Lebens

Elfie Semotan/Ferdinand Schmatz

DIE KAMERA

Die legendäre Fotografin Elfie Semotan hat durch ihren präzisen künstlerischen Blick internationalen Ruhm erlangt. Ihre Arbeiten haben die Kunst-, Mode- und Werbefotografie ihrer Zeit geprägt, die herrschende Ästhetik verwandelt und damit Generationen beeinflusst. Die Kamera ist jener Gegenstand, der Elfie Semotan über die Jahrzehnte nicht nur begleitet, sondern ihr Leben mitbestimmt hat. Anhand von Fotoapparaten aus unterschiedlichen Dekaden sinniert Semotan mit dem Schriftsteller Ferdinand Schmatz über den Gegenstand und seine Geschichte nach. Sie erzählt, wie ihr spezifischer Blick durch das Objektiv das Sehen auf die Welt verändert.